Emil Otto

Heidelberg, sein Schloß und seine Pfalzgrasen

Eine historische Dichtung

Emil Otto

Heidelberg, sein Schloß und seine Pfalzgrasen
Eine historische Dichtung

ISBN/EAN: 9783743632875

Hergestellt in Europa, USA, Kanada, Australien, Japan

Cover: Foto ©ninafisch / pixelio.de

Weitere Bücher finden Sie auf **www.hansebooks.com**

Heidelberg,

sein Schloß und seine Pfalzgrafen.

Eine historische Dichtung

von

Dr. Emil Otto.

Lahr,
Druck und Verlag von J. H. Geiger.
1862.

Inhalt.

Widmung	5
Das Heidelberger Schloß	7
Die Gründung Heidelbergs bis 1214	8
Die Wittelsbacher als Pfalzgrafen bei Rhein	11
Rudolf I. von 1294—1319	15
Ruprecht I. von 1353—1390	16
Ruprecht II. von 1390—1398	19
Ruprecht III. von 1398—1410	21
Ludwig III., der Bärtige, von 1410—1436	24
Ludwig IV. und Pfalzgraf Otto, von 1436—1449	28
Friedrich I., der Siegreiche, von 1449—1476	30
Philipp der Aufrichtige von 1476—1508	43
Ludwig V., der Friedfertige, von 1508—1544	46
Friedrich II. von 1544—1556	50
Otto Heinrich der Großmüthige von 1556—1559	52
Friedrich III. von 1559—1576	58
Ludwig VI. von 1576—1583	61
Johann Casimir von 1583—1592	63
Friedrich IV. von 1592—1610	66
Friedrich V. von 1610—1632	68
Karl Ludwig von 1632—1680	81
Kurfürst Karl von 1680—1685	91
Kurfürst Philipp Wilhelm von 1685—1690	94
Kurfürst Johann Wilhelm von 1690—1716	98
Kurfürst Karl Philipp von 1716—1742	103
Kurfürst Karl Theodor von 1743—1777	109
Schluß	114
Der 22. November, dem Andenken Karl Friedrich's gewidmet	115

Widmung.

Euch Allen, die Ihr glücklich wohnet
  Im vielgeprief'nen Neckarthal,
Und die Ihr täglich Euch erfreuet
  Der Herrlichkeiten ohne Zahl;

Euch Allen, die sich hier gefunden
  Am ew'gen Born der Wissenschaft,
Und die das Leben froh genossen
  In Fröhlichkeit und Jugendkraft;

Euch Allen, die von ferne kommen,
  Zu schauen dieses Paradies,
Und die von hinnen weiter ziehen
  Noch schwelgend in Erinnerung süß;

Und Euch auch, denen Jugendblüthe
  Noch frisch die ersten Freuden zollt,
Die Ihr der Väter Thaten gerne
  Und ihr Erlebniß kennen wollt; —

Euch Allen seien diese Bilder
  Mit anspruchslosem Sinn geweiht!
Sie führen Eurem Blick vorüber
  Alt Heidelberg's Vergangenheit.

Wie sollt' ein Dichter Pfalz bewohnen,
   Und ihr nicht seine Harfe weih'n!
Wie könnt' er solch' ein Schloß beschauen,
   Und nicht von ihm begeistert sein!

Und zeigt die Gegenwart auch heute
   Uns Heidelberg als Edelstein,
So soll auch seine Zeitgeschichte
   Uns nimmermehr vergessen sein.

Es sind beinah' schon fünfzig Jahre,
   Daß hier ein deutscher Sänger stand;*)
Er sang damals die Mahnungsworte,
   Für die sich noch kein Dichter fand:

   „Ach, es ist in Staub gesunken
      All der Stolz, die Herrlichkeit;
   Brüder, daß ihr letzter Funken
      Nicht erstirbt in dieser Zeit;

   Laßt uns hier ein Bündniß stiften,
      Uns're Vorzeit zu ernen'n,
   Aus den Grüften, aus den Schriften
      Ihre Geister zu befrei'n."

Ich will die alte Schuld nun lösen,
   Will unsere Vorzeit hier ernen'n,
Es sollen diese flücht'gen Bilder
   Die alten Geister nun befrei'n.

Heidelberg.

                                 Emil Otto.

―――――
*) Max v. Schenkendorf in einem seiner Gedichte betitelt: „Auf
Schloß zu Heidelberg; im Juli 1814."

Das Heidelberger Schloß.

Wer blickt von hoher Felsenstirn
 So keck hinab ins Thal?
Wer glänzt in weiter Ferne hin
 Im gold'nen Abendstrahl?

Wer trotzt so kühnlich Sturm und Wind,
 Ja selbst dem Zahn der Zeit,
Wer steht auf festem Felsengrund
 Wie für die Ewigkeit?

Wer hielt mit starkem Mauerring
 Des Feindes Drängen auf?
Wer wehrt' mit ungebroch'ner Kraft
 Des Tilly's Siegeslauf?

Wer widerstand dem Wütherich,
 Den Frankreich hergesandt,
Verheerend unsre schöne Pfalz
 Durch Krieg und Mord und Brand?

Wer zeugt von hoher Bildnerkunst,
 Von hingeschwund'ner Pracht?
Wer beut selbst als Ruine noch
 Ein Bild von Fürstenmacht?

Wer ist's, der des Beschauers Blick
 So hehr entgegen lacht?
Wer zieht viel Tausend Wand'rer an
 Mit ewig junger Pracht?

Du bist es, **Heidelberger Schloß**,
 Du Kleinod unsrer Stadt.
Wir schauen Dich, und schauen Dich,
 Und seh'n uns niemals satt.

Du bist im gold'nen Abendstrahl
Schon herrlich, prachtvoll groß;
Doch in bengal'scher Flamm' zumal
Scheinst Du ein Zauberschloß!

Wie schwebt in buntem Farbenglanz
Der Well' Dein lieblich Bild,
Bald von dem Schatten dunkler Nacht,
Vom Lichtmeer bald umhüllt!

O stehe fest, und wanke nicht,
Trotz' kühn dem Sturm der Zeit,
Damit die späteste Nachwelt noch
An Dir sich hoch erfreut.

―――

Die Gründung Heidelbergs bis 1214.

Wer einstens dieses Neckarthal
Betreten hat zum ersten Mal,
Das weiß die beste Weltgeschicht'
Dem Fragenden zu sagen nicht.
Was nunmehr beut ein herrlich Bild,
Das war vor Zeiten öd' und wild;
Die Berge dicht mit Wald bedeckt,
Darinnen wilde Thier' versteckt;
Da hausten Bären, Wölf' und Schwein', —
Wer konnte da wohl sicher sein?
So war's zunächst des Jägers Tritt,
Der dieses enge Thal durchschritt;
Dann auch die prächtige Forelle,
Die, spielend in der kühlen Welle,
Zog manchen kecken Fischer an,
Da er hier reiche Beut' gewann.

Daß später in der Kaiserzeit
Die Römerherrschaft weit und breit
Auch hier gefasset festen Fuß,
Das ist es, was man glauben muß;
Denn viele Spuren wurden hier
Gefunden in dem Zehntrevier; *)
Kastelle waren angelegt,
Dabei der Ackerbau gepflegt.
Sie wichen dann den Allemannen,
Die diesen Theil für sich gewannen;
Doch war es mehr das eb'ne Land,
Wo dieses edle Volk sich fand.
Das enge Thal blieb stets noch leer,
Sie streiften nur darin umher.
Denn wild war noch das Neckarthal,
Und seine Ufer waren kahl;
Erst wo die Hügelreih' sich endet,
Und wo es sich zur Eb'ne wendet,
Da stand ein Dörflein Bergeheim,
Von Heidelberg der erste Keim.
Es war hier eine Neckarfähr',
Die Römerstraße zog daher;
Aufwärts am grünen Schlierbachrand
Auch hier und da ein Hüttchen stand.
Nach einem Sieg bei Zülpich nahm 496.
Besitz vom Land der Frankenstamm.
Drum fließt in unsern Adern gut
Das leichte, frische Frankenblut.
Auch Karl der Große manchmal kam,
Am Neckar seinen Ruhsitz nahm,
Da wo der sonn'ge Hügel liegt,
Wann er sich an der Jagd vergnügt; —
So war's vermuthlich Karl der Groß',
Der sich erbaut ein Jägerschloß,
Darin er eine Herberg' fand
Für sich und seine Jägerband';

---

*) Die agri decumates der Römer.

Zumal hier früh ein alt Kastell
Sich spiegelt in der grünen Well',
Das, von der Römer Hand erbaut,
Weithin zur Rheines-Eb'ne schaut'.
Auch tiefer hin in Odins-Wald
Das Hifthorn häufig schon erschallt'.
Da wohnte einst auch Eginhard,
Des Kaisers erster Schriftenwart.
Er baut die Probstei Michelstadt',
Die sich das Kloster Lorsch erbat.
Auch zeigt in dieser Gegend sich
Oftmals der deutsche Ludewig,
Dem Speier, Worms und Mainz gehört',
Wie der Verdün-Vertrag uns lehrt.
Als Konrad, Hohenstauf genannt, 1155.
Zum Rheinpfalzgrafen ward ernannt,
Da zog er her vom Niederrhein*)
Und nahm die Burg als Wohnung ein,
Die auf dem obern Geisberg stand,
Damals der „Heidelberg" genannt.
Im Thale und am Fluß zerstreut
In Hütten wohnten Fischerleut';
Sie mehrten sich von Jahr zu Jahr,
Weil's lieblich hier zu wohnen war;
Der Ostwind zwar den Fluß entlang
Die frischen Flügel lustig schwang,
Doch schloß der „Heilig-Berg" die Pforten
Gar sicher vor dem rauhen Norden.
Auch gab es viele Ziegenhirten,
Die mit der Heerd im Walde irrten;
Denn schon hatt' kühne Jägershand
Die wilden Thiere d'raus verbannt.
Wohl hier und da ein Bauer auch
Schon Gerste baut nach altem Brauch.

---

*) Von Bacharach.

Auch war das Kloster Schöne-Au
Um diese Zeit bereits im Bau. 1142.
Doch nunmehr mit dem Pfalzgraf kam
Noch Mancher, der hier Wohnsitz nahm
Und aufgeführt ward manch Gebäud',
Weil es von Abgab' war befreit.

―――✧―――

Die Wittelsbacher als Pfalzgrafen bei Rhein.
Von 1214 an.

―――

Zwölfhundert Jahre zählte man,
Als Heidelberg „Stadtrecht" gewann,
Drauf Bayerns Herzog Ludewig,
Der Wittelsbacher, feierlich
Von Worms empfing als Lehen, merk!
„Kastell und Städtlein Heidelberg."
Von dieser Zeit an blieb der Nam',
Der von der „Heidelbeere" kam.
Auf alten Fahnen kann man sehen
Noch heute eine Jungfrau stehen,
Die ihre Hand zum Berge streckt,
Mit Heidelbeeren ganz bedeckt.
Und auch das älteste Siegel klar
Stellt einen Löw' gepanzert dar,
Auf dessen Helm ragt hoch heraus
Ein dichter Heidelbeerenstrauß.
Aus edlem Wittelsbacher Stamm
Die Blüthe der Pfalzgrafen kam.
Daß Pfalzgraf Otto der Erlauchte
Das alte Schloß als Wohnung brauchte,
Das geht aus diesem Vers hervor,
Der stand an einem Eingangsthor:

„Otto, der Erst', Pfalzgraf bei Rhein
„Hatt' Pfalzgraf Heinrichs Töchterlein,*)
„Mit Mannheit er's also erfecht',
„Daß Reichs-Thur blieb bei sei'm Geschlecht.
Auch ward ihm da ein Sohn geboren,
Der zum Regenten ward erkoren.
Die fürchterliche Hungersnoth   1238.
Bracht vielen Menschen bittern Tod;
Auch wanderten von diesem Ort
Des Jammers Manche Andre fort.
Es folgten noch zwei Ludwige
Und Adolf der Einfältige,
Rudolf der Erst', Rudolf der Zweit',
Dem sich dann Ruprecht angereiht,
Und mancher andere Kurfürst noch,
Deß Namen preist die Nachwelt hoch,
Davon wir werden nun berichten
Die rühmenswerthesten Geschichten.

Zwölfhundert acht und siebzig war   1278.
Für Heidelberg ein Unglücksjahr:
Der Neckar wälzt in wilder Wuth,
Bis in die Stadt die hohe Fluth,
Verheerte gräßlich Stadt und Land,
Eh' er sein Bette wieder fand.
Viel Menschen fanden ihren Tod,
Und überall war große Noth.
Kaum war das Wasser wieder fort,
Zerstört ein Brand den ganzen Ort,
Daß nicht ein Haus verschonet blieb,
Und Alles auseinander stieb.
Ja selbst der Pfalzgraf mußt' entweichen,
Das Feuer thät sein Schloß erreichen;
Nach Wiesloch mußt er sich begeben
Und dort ein ganzes Jahr verleben.

---

*) Agnes, seine Gemahlin, Pfalzgräfin am Rhein, die reiche Erb-Tochter des Pfalzgrafen Heinrich.

Kaum war das Städtlein auferstanden,
Die Flammen neue Nahrung fanden.
Von Neuem ward die Stadt verheert,
Die Häuser waren schnell verzehrt,
Kein Stein fast war dabei verwandt,
Es fehlte noch des Maurers Hand;
Einstöckig und von Holz errricht't,
Mit Stroh und Lehmen nur verpicht,
Die Dächer nur mit Stroh bedeckt,
Der Boden selbst, mit Streu belegt;
Bestehend aus gestampftem Lehm,
War er zu kalt und unbequem.
Holzböden waren keine da,
Noch Niemand dachte an Sopha.
Selbst Oefen fehlten damals noch,
Der Rauch zog durch ein großes Loch,
Das sich befand im dürren Dach,
Denn Küch' und Stub' war ein Gemach;
Die Einfachheit war schrecklich groß,
Und Armuth war da Aller Loos.
Was Wunder, daß des Feuers Wuth
So oft zerstörte Hab und Gut! —

Ein andres Unglück fand auch statt,   1288.
Viel Leben dies gekostet hat.
Draus vor der Stadt bei Bergheim
Führt eine Brück' nach Neuenheim,
Sie war von Holz nur leicht gebaut, —
Mich wundert's, daß man ihr getraut,
Darüber zog die Prozession;
Dreihundert Menschen waren schon
Auf ihr, da stürzte sie zusammen,
So daß um's Leben Viele kamen.
Das Dörfchen wollte gern sein „Zeichen"
Den Fremden an der Brück' schon zeigen,
Drauf ließ es stellen einen Affen,
Der thät von ihr heruntergaffen.

Mit Farben zierlich ausstaffirt
War er mit dieser Schrift geziert:
„Was thust du Fremder mich angaffen,
„Hast nicht geseh'n den alten Affen;
„Zu Heidelberg sieh' hin und her
„Da find'st du meines Gleichen mehr."
Dem Affen fiel das gleiche Loos:
Er fiel auch in der Fluthen Schooß;
Doch ward er wieder aufgefischt,
Und seine Farben aufgefrischt.
Drauf baut' die Stadt die obere Brück'*)
Und stellt' da als ein Wunderstück
Den alten Affen wieder auf,
Daß er bewach' des Neckars Lauf,
Zur Straf', daß er die Stadt verhöhnt.
Doch ward er dadurch nicht versöhnt,
Er übt' noch lange auf der Bruck',
Nach Volksbegriffen — manchen Spuck.
Von Melac ward das Dach versengt,
Ein Theil der Bögen auch gesprengt.
Die Heidelberger brav und bieder
Errichteten die Brücke wieder;
Der Affe ward da nicht vergessen
Und was noch lange drauf gesessen.
„Doch als im vier und achtzigsten Jahr
„Viel Eis und großes Wasser war,
„Da rutscht die Brück' mitsammt dem Dach
„Von ihrem Platze allgemach
„Und mußt' erbärmlich untergeh'n."
Es blieb auch nicht ein Pfeiler steh'n.
Karl Theodor mit vielem Glück
Erbaut drum eine neue Brück',

---

*) Gleichfalls von Holz, mit Dach- und Fachwerk. Diese stand bis sie 1689 von den Franzosen gesprengt wurde. Nach ihrer Wiederherstellung stand sie bis 1784, wo sie von der hohen Eis- und Wasserfluth weggerissen wurde. S. weiter unten bei Kurfürst Karl Theodor.

Doch dieses Mal von Quaderstein,
Sie soll für ew'ge Zeiten sein.

Rudolf der Erste von 1294—1319.

Der Pfalzgraf Rudolf dazumal,
Nahm Adolf's*) Tochter zum Gemahl.
Nicht fest war noch des letztern Thron,
Drum wählt er ihn zum Schwiegersohn.
So ging es denn nun Rudolf schlecht:
Zum Feinde macht er sich Albrecht,
Wiewohl der war sein eig'ner Ohm.
Und hatt' Anfangs die Gunst von Rom.
Er stellte sich auf Adolf's Seit'
Und focht für ihn in offnem Streit.
Als Adolf da gefallen war,
Bot Albrecht ihm die Rechte dar,
Und söhnt' sich wieder mit ihm aus;
Doch folgte bald ein neuer Strauß.
Albrecht den „Zoll am Rhein" begehrt',
Das ward ihm aber streng verwehrt.
Da sammelt' er ein großes Heer,
Die Pfälzer setzten sich zur Wehr;
Doch konnte ihre Macht nichts frommen,
Die Pfalz ward von ihm eingenommen.
Auch Heidelberg mußt' schrecklich büßen:
Der Feind trat Alles hier mit Füßen.
Er hielt den ganzen Winter aus
Und raubt' und plündert' jedes Haus.
Als ob das nicht genügend wär',
Rief er auch noch Franzosen her;
So nahm für eine leichte Sache
Der König Albrecht schwere Rache.

---
*) Adolf von Nassau, deutscher König.

Dies Schicksal wiederholte sich
Im Krieg mit Kaiser Ludewig,
Mit Rudolfs eignem Bruder gar,
Der stets mit ihm in Feindschaft war.
Die Mutter, die Habsburgerin,*)
Bestärkt ihn in dem harten Sinn;
Sie liebte ihren Rudolf nicht
Und brach so ihre Mutterpflicht.
Doch war auch er ein rauher Mann
Und that der Mutter Kränkung an.
So kam's, daß er verlor sein Land
Und ihres Eids die Pfalz entband.
Sein Bruder gab als Gnadensold
Alljährlich ihm ein Sümmchen Gold.**)
Ludwig regiert noch ein'ge Jahr,
Als Rudolf schon gestorben war.
Der Tod hatt' Adolf***) auch ereilt,
Drum ward das Erb' auf's Neu vertheilt.****)
Dem Ruprecht blieb die Pfalzgraffschaft,
Die Kur und Reichsverweserschaft.*****)

Ruprecht der Erste von 1353 bis 1390.

Nicht lang hernach die Pest erschien,
Bracht' manchem Lande den Ruin;
Vergiftet sollten Brunnen sein,
Man glaubte leicht dem falschen Schein.

---

*) Mathilde von Habsburg.
**) 5000 Pfund Heller; s. Häusser's Gesch. d. Pfalz. S. 147.
***) Adolf war der älteste der drei Söhne Rudolf's I. Die zwei anderen waren Rudolf II. und Ruprecht I.
****) Theilungsvertrag von Pavia 1329.
*****) Nach den Bestimmungen der goldenen Bulle.

Die armen Juden mußten's büßen:
Man ließ sie henken, brennen, spießen;
In Speier warf man sie in Rhein,
Damit die Luft doch bliebe rein.
In Heidelberg ging's nicht so schlecht,
Ruprecht der Erste war gerecht;
Er folgte des Gewissens Stimm'
Und schützte sie vor Pöbels Grimm;
Zwar mußten sie ein Schutzgeld geben,
Doch retteten sie so ihr Leben.
Der Kurfürst Ruprecht that noch viel,
Des Landes Wohlfahrt war sein Ziel.
Was seinen Ruhm zumeist erhöht —
Er stift't die Universität.*)
Wir segnen ihn dafür noch heut'
Und nach uns noch die späfte Zeit.
Als rohe Barbarei und Schmach
Und Nacht auf Deutschlands Gauen lag,
Ging Ruprecht auf der Bildungsbahn
In deutschen Landen kühn voran.
Er baute hier zu ew'gem Ruhm
Der Wissenschaft ein Heiligthum.
Zum Vorbild nahm er sich gewiß
Die hohe Schule zu Paris.
Doch damit war's noch nicht vollbracht;
Es stand allein in Papstes Macht,
Bewilligung dazu zu geben,
Auch solche wieder aufzuheben.
Papst Urban ließ sich gern bewegen,
Gab die Erlaubniß sammt dem Segen.   1385.
Da leuchtete Ruperta weit
Hervor in jener dunkeln Zeit,
Und Schaaren deutscher Söhne zogen,
Daß sie die geist'ge Nahrung sogen,

---

*) Die Stiftungs-Urkunde ist vom 1. Oktober 1386 und die Einweihung geschah schon am 18. Oktober desselben Jahres.

In ihre Hallen freudig ein,
Um sich der Wissenschaft zu weih'n.
Fünfhundert zwanzig war die Zahl
Im ersten Jahre auf einmal; 1386.
Nach wenig Jahren mehrt sie sich,
Daß sie auf tausend fünfzig stieg.
Kein Wunder auch, man lebte billig,
Die Bürger nahmen gern und willig
Für „volle Kost" — glaubt mir es doch!
Drei Kreuzer für die ganze Woch'.
Die höchste Summ' für Stubiengeld
Hat auf acht Groschen sich gestellt,
Matrikel waren Anfangs frei,
Das zog viel' junge Leut' herbei,
Als Rector mußt' zuerst vorsteh'n
Des Fürsten Rath Marsil' Jnghen;*)
Dazu Magister Reginald,
Ihm folgte Wunneberg alsbald.
Noch andere gelehrte Herrn
Berief der Kurfürst nah und fern,
Beschenkte sie mit Recht' und Ehr',
Damit auch fruchte ihre Lehr'.
Das Geld war freilich ziemlich rar:
Gehalt war „achtzig Gulden- baar.
Studenten waren nicht sehr frei,
Man sang noch nicht: „Der Bursch ist frei."
Sie waren strenge überwacht,
Das Würfelspiel war untersagt.
Verboten ward es, „einzusteigen
In Gärten, Weinberg' und dergleichen."
Am Tage trug man zwar den Degen,
Am Abend war er abzulegen,
Wer fechten — duelliren wollt',
Die Hochschul' gleich verlassen sollt'.
Es scheint, man kannte damals schon
Consil' und Relegation.

*) War von der Pariser Universität nach Heidelberg gekommen.

Ein Zeugniß ward nur ausgestellt,
Wenn aus der Liste klar erhellt,
Daß man stets regen Antheil nahm
Und täglich ins Collegium kam.
Die Folge war, daß Fleiß und Lieb'
Zur Wissenschaft lebendig blieb,
Und daß aus allen deutschen Landen
Die Väter ihre Söhne sandten,
Zu schöpfen aus dem Born das Licht,
Das ewig seine Strahlen bricht.

Ruprecht der Zweite von 1390 bis 1398.

Vier Jahre nach der Stiftung schon
Folgt' ihm des Bruders einz'ger Sohn,
Ruprecht der Zweit', „der Hart" genannt,
Weil er die Juden hat verbannt;
Doch sorgt er wohl für Heidelberg,
Vollbrachte manches gute Werk.
Er richtete die „Bursen" ein,
Die sollten unentgeltlich sein
Für unbemittelte Studenten,
Die Fleiß zum Studium verwenden.
Dazu nahm er ein Judenhaus,
Deß Eigner er vertrieb daraus.
Die Stadt ward weiter ausgesteckt,
Und eine Mauer angelegt;
Von Bergheim, das noch draußen lag,
Man alle Häuser niederbrach
Und zog die Leute so heran,
Sie bauten in der Stadt sich an.
Ein neuer Stadttheil so entstand,
Ward „Spei'rer Vorstadt" dann genannt.

Auch sonst das Land er wohl berieth,
Erweiterte das Pfalzgebiet.
Er war es, der errichtet jetz'
Das Pfälz'sche Haus- und Grundgesetz,*)
Wornach die Pfalz dem Aeltsten blieb,
Und das die Kurwürd' ihm verschrieb.

Um diese Zeit erschien allhier   1391.
— Aus Ungarn kamen sie herfür —
Die sonderbarste Menschenschaar,
Geführt von einem Priesterpaar;
Die Leute selber sich benannten
„Die Geißler, Büßer, Flagellanten",
Die durch die deutschen Länder drangen,
In großer Schwärmerei befangen.
Ein weißes Kreuz die Schultern scheidet,
Der ob're Leib war fast entkleidet,
Den untern Theil ein Kittel deckt',
Der bis zum Fuße sich erstreckt'.
Die Linke trug ein Christusbild.
Die Rechte eine Peitsche hielt,
An deren End' der Knoten drei
Befestigt waren schwer von Blei.
Sie geißelten mit ihr voll Lust
Den Rücken sich und auch die Brust
In Kirchen wie auf off'ner Straß',
„Damit durch Schmerz die Seel' genas."
Eintönig schallte ihr Gesang
Bei ihrer Büßung stundenlang:
„Nun ist die Bußfahrt also gut,
„Hilf Herr uns durch dein heilig Blut,
„Wir nehmen Büßung an uns Allen,
„Damit wir besser Gott gefallen."
Sie trugen Fahnen vor sich her
Und fanden üb'rall große Ehr.

---

*) Bekannt unter dem Namen: Rupertinische Constitution vom Jahr 1395.

Der Rath der Universität
Auf ihrer Ausweisung besteht:
Man müsse sie gleich fortspediren,
Damit sie Andre nicht verführen.
Auch schrieb er an die Städt' und Herrn:
Man sollt sie üb'rall halten fern,
Ja sie sogar ganz auszurotten
Sei durch die Sicherheit geboten.
Ihr Untergang war so geschworen
Und ihre Spur bald ganz verloren.

Ruprecht der Dritte von 1398 bis 1410.

Als König Wenzel abgesetzt,   1400.
Weil er des Reiches Recht' verletzt,
Ward Kurfürst Ruprecht auserwählt
Und auf den deutschen Thron gestellt.
Doch mußte er nach altem Brauch
Erwarten seinen Gegner auch.
Nachdem er fünf und vierzig Tag
Vor Frankfurt mit dem Heere lag,
Und König Wenzel nicht erschien,
Da konnt' er in die Stadt einzieh'n.
Vor Aachen mußt er sich bequemen,
Sie weigert sich ihn aufzunehmen;
So ließ er sich in Köllen krönen,
Um diese Stadt sich auszusöhnen.
Doch fehlte noch des Papstes Segen,
Und daran war ihm viel gelegen.
Der Papst verlieh die Kaiserkron'
Nur als der Unterwerfung Lohn.
So unternahm nun Ruprecht klug
Herkömmlich einen Römerzug.
Doch überall ergings ihm schlecht,
Gehorchen wollt ihm Niemand recht.

Auch Bonifacius*) sprach ihm Hohn,
Verweigert ihm die Kaiserkron'.
Als er nach diesem Mißgeschick
Nach Heidelberg sich wandt' zurück,
Da höhnt' das Volk auch seine Noth,
Sang Lieder voll von Witz und Spott.
Als man den Fürsten wollt' bewegen,
Zu strafen solchen Sang mit Schlägen,
Da sprach er ruhig: „Laßt sie singen,
Und danken wir vor allen Dingen
Dem Himmel, daß sein gnäd'ger Rath
Uns glücklich heimgeführet hat."
Mehr als ein volles Jahr verging,
Bis er von Rom als Gunst empfing
Die päpstliche Bestätigung
Sammt einer neuen Einladung:
In Rom die Salbung zu verrichten;
Doch ohne Geld — mußt er verzichten.
Obschon er auswärts Vieles that,
Vergaß er doch nicht seine Stadt.
Zunächst, was ihre Kirch' betrifft,
Erhob er sie zum „eigenen Stift",
Begabte sie mit reichen Pfründen.
Zum Schlosse ließ er ferner gründen
Den Anbau, der jetzt alt und grau,
Noch heute heißt der **Ruprechtsbau**.
Ein Stein die Thüre überragt,
Enthält sein Wappen und besagt:
„Als Vierzehnhundert Jahr man zählt,
„Der Pfalzgraf Ruprecht ward erwählt
„Zum deutschen König; hat regiert
„Zehn Jahre und dazu vollführt
„Dies Haus, das Pfalzgraf Ludwig thät
„Erneuern, wie's jetzt fertig steht,
„Derselb' im vierzig vierten Jahr
„Und fünfzehnhundert auch fürwahr
„Aus dieser Welt geschieden ist.
„Ihr Beider Seel' pfleg' Jesus Christ".

---

*) So hieß der damalige Papst (Bonifacius IX.)

Auch unter ihm ereignet sich
Der sogenannt' **Studentenkrieg**.
Die Burschen konnten's nicht vermeiden,
Mit Höflingen manchmal zu streiten.
Doch einmal ging es ärger her,*)
Die Höfling' sah'n bedrängt sich sehr,
Sie schrie'n um Hülfe laut und lang,
Denn ihnen war's ums Leben bang.
Die Bürger liefen schnell herzu
Und wollten stiften Fried' und Ruh.
Man nahm sich beiderseits beim Schopf,
Und blutig ward da mancher Kopf.
Die Burschen hatten auf der Flucht
In Johann's**) Hause Schutz gesucht.
Man holte Waffen schnell herbei,
Es gab viel Lärm und groß Geschrei.
Es ward sogar auch Sturm geläutet
Und Schrecken überall verbreitet.
Es stürmte nun der ganze Troß
Auf Rector Johann's Wohnung los;
Studenten hatten große Noth,
Der Pöbel rief: schlagt Alle todt.
Nicht sicher waren sie des Lebens;
Der Speirer Bischof***) warnt vergebens
Der Pöbel drängt, die Thüre kracht,
Man drängt hinein mit aller Macht.
Die Burschen suchten sich zu retten:
Die Einen krochen in die Betten,
Die Andern stiegen auf das Dach,
Doch überallhin folgt man nach,
Und die, die aus dem Fenster sprangen,
Hat man mit Spießen aufgefangen.

---

*) Am 12. Juni 1406.
**) Im Hause des Rectors, Johann von Frankfurt, welches auf dem Burgweg stand.
***) Der Bischof Rhabanus von Speier war gerade in Heidelberg anwesend und suchte abzuwehren.

Kurz manche Wunde ward geschlagen
Und Viele ins Spital getragen.
Man peiniget und quält sie hart,
Bis endlich Ruh geschaffen ward.
Es kündet laut des Kaisers Herold,
Daß Niemand sich vergreifen sollt
An Schülern jeder Fakultät,
Noch an der Universität.
Auch dämpft' die Nacht mit ihrem Schleier
Des racheburst'gen Pöbels Feuer.
Vom Kurfürst ward der Burschenschaft
Genugthuung dafür verschafft;
Die kleinen Helfer strafte man
Die Hochgestellten — schonte man.
Doch mußten auch die Prinzen*) schwören:
„Sie wollten alle Unbill wehren,
Die Hochschul' stets in ihren Rechten
Und Privilegien verfechten."

—⁂—

Ludwig der Dritte, der Bärtige. Von 1410 bis 1436.

Die Ruhe dauerte nicht lang.
Zwar Alles war in gutem Gang;
Denn auch der dritte Ludewig,
Des Ruprechts Sohn, bot kräftiglich,
Verweg'nen Unruhstiftern Trutz
Und lieh der Hochschul' seinen Schutz.
Doch wurde der Studentenstreit
Noch einmal unter ihm erneut,

---

*) Die Söhne des Kurfürsten standen im Verdacht, diesen Miß-
handlungsscenen nicht ganz fern geblieben zu sein.

Als sich ein Bürger nicht entblödet,
Und einen Burschen hat getödtet.
Auf Klage der Studentenschaft
Ward ihr Genugthuung verschafft;
Der Thäter zwar ward nicht gefunden,
Er war gleich durch die Flucht verschwunden,
Doch ward er in die Acht erklärt
Und so der „Auszug" abgewehrt,
Der trotz dem fürstlichen Gebot
Der Stadt war ernstlich angedroht.

Manch Andres noch erfuhr die Stadt,
Da Ludewig regieret hat.
In vierzehnhundert zehn und vier
War Kaiser Sigismund allhier;
Als man mit seiner Wahl umging,
Der Pfalzgraf ihn im Schloß empfing,
In Deutschland sah es trostlos aus:
Noch lebte König Wenzeslaus,
Der sich von Neuem nun bewarb,
Als Kaiser Ruprecht hier verstarb.
Zwei Wähler wählten Sigismund,
Ein Spottlied war in Volkes Mund:
„Zu Frankfurt wählten hinterm Thor
„Den neuen König ein Kind und ein Thor." *)
Fünf wählten Markgraf Jobst von Mähren
Und ließen alle drei gewähren.
Drei Könige gab's nun für's Reich,
Zum Glück doch starb der Letzte gleich.
Dem Sigmund blieb zuletzt der Sieg,
Der nun den deutschen Thron bestieg,
Der zog alsbald mit frohem Sinn
Nach Aachen zu der Krönung hin.

---

*) Man meinte damit den Kurfürsten von der Pfalz, der noch
sehr jung war, und den Erzbischof von Trier, der schon alt und nicht
mehr geisteskräftig war. Da die Kirche geschlossen war, ging der
Wahlakt auf dem Kirchhof hinter dem Thore vor sich.

Da seine Wahl war Ludwig's Werk,
So ehrt er nochmals Heidelberg
Mit einem gnädigen Besuch. 1414.
Dafür that man ihm Ehr' genug.
Die Stadt sah man im Schmucke prangen,
Und feierlich ward er empfangen
Von Rath und Universität
Nach aller Form und Etiquett.
Dem Kurfürst bracht' dieß viel Gewinn,
Er zog drum mit nach Aachen hin.
Der Kaiser drauf aus Dankbarkeit
Ihm wicht'ge Privileg' erneut',
Bestätigt' durch ein Reichsgesetz
Als Kurfürst ihn und Erztruchseß
Und daß dies Recht stets erblich sei.
Dies war der Lohn für seine Treu.
Ein andrer Ruhm ihm auch gebührt:
Daß er die Bibliothek dotirt,
Viel Bücher wurden zugesellt,
Und den Studenten frei gestellt,
Woraus die größere dann entstand
Die Palatinische benannt,
Die später hier geplündert ward
Und liegt im Vatikan verscharrt.
Noch mehr: Die Kirch' zum heiligen Geist
Ihn auch als den Vollender preißt,
Indem er sie sehr reich dotirt,
Mit Würden und mit Ehren ziert,
„So daß kein einzig Stift am Rhein
Mit ihr sollt zu vergleichen sein." *)

Es traf sich, daß im gleichen Jahr 1414.
Zu Kostnitz das Concilium war,
Durch das der edle Johann Huß
Für seinen Glauben büßen muß.

---

*) So sagt selbst der Chronist der heiligen Stadt Kölln, vergl. Act. pal. I. 383.

Nachdem er war zum Tod verdammt,
Hatt' Kurfürst Ludewig das Amt,
Das harte Urtheil zu vollstrecken,
Den Scheiterhaufen anzustecken.
Das that er denn auch nach Gebühr:
Er stand als Reichesrichter hier.
Auch hatt' das würdige Concil
Noch andere Geschäfte viel.
Drei Päpste wurden abgesetzt,
Da sie der Kirche Würd' verletzt.
Der ein' davon, Johann*) genannt,
Hatt' zur Entsagung sich bekannt,
Allein er floh und nahm sofort
Zurück sein heilig Eideswort.
In Freiburg ward er aufgespürt,
Von da nach Heidelberg geführt,
In Mannheim dann zur Haft gebracht**)
Allwo er fleißig nachgedacht
Mit Muße und als guter Christ,
Wie wechselvoll das Leben ist.
Der Erzbischof von Mainz gewann
Mit Geld den feilen Schloßhauptmann:
Der suchte Johann zu befrei'n.
Dafür warf man ihn in den Rhein.
Der Bischof läugnet seine Schuld.
So mußt' der Papst dann mit Geduld
Noch länger bleiben in der Haft,
Bis er sich endlich Freiheit schafft
Durch eine große Summe Geld,***)
Die er bezahlt als Lösegeld.

---

*) Johann der dreiundzwanzigste.
**) Er saß in der alten Burg Rheinhausen in engem aber anständigem Gewahrsam bis 1418.
***) Dreißigtausend Dukaten oder Goldgulden.

Ludwig der Vierte und dessen Vormund, Pfalzgraf Otto, von 1436 bis 1449.

Als Ludwig nun gestorben war,
War dessen Sohn noch jung an Jahr',
Drum hat sein Ohm Otto regiert
Und Vormundschaft für ihn geführt.
Als er das Alter dann erreicht,
Und sich als edler Fürst gezeigt,
Holt er sich Margareth*) als Braut
Und ward mit viel Gepräng getraut.
Dem edlen Jüngling, sanft und groß,
Blüht' leider nur ein kurzes Loos.
Nach wenig Jahren starb er schon
Und hinterließ den einz'gen Sohn.**)
Er schied für seine Pfalz zu bald,
Erst fünfundzwanzig Jahre alt;
Ein Mann von herrlich großen Gaben,
Viel Hoffnung ward mit ihm begraben
Und als sein Tod ward nun bekannt***)
Herrscht' Trauer in dem ganzen Land.

Man glaubt, daß zu dem frühen Tod
Veranlassung ein Schrecken bot:
Lenore, Gräfin Lützelstein,
Trat Nachts in Ludwig's Zimmer ein.
Sie stellt die Mutter Gottes vor
Und hielt ein Kruzifix empor,
Hüllt sich in weiße Schleier ein,
Umgeben mit dem Heil'genschein.

---

*) Die schöne Margarethe von Savoyen. Tochter des Amadeus VIII., der später unter dem Namen Felix V. Papst wurde. Sie war die Wittwe Ludwigs von Anjou, Königs von Neapel.

**) Philipp, nachheriger Kurfürst, an Charakter seinem trefflichen Vater sehr ähnlich.

***) Er starb ganz plötzlich zu Worms am 13. August 1449.

Sie weckt den Fürsten auf und spricht:
„Es läßt das heil'ge Vehmgericht
Den Bruder Friedrich heut' ermorden,
Drum öffne uns die innern Pforten;
Zwei Ritter stehen hier bereit
Mit Dolch und Schwert in schwarzem Kleid,
Und weigerst du uns zu willfahren,
So wirst du gleich zur Hölle fahren."
Das machte Ludwig angstvoll schaudern,
Und als er will noch länger zaudern,
Rief sie den Teufel selbst herbei,
Der stürzt herein mit dumpfem Schrei.
Der Kurfürst zitternd, angsterfüllt,
Sich rasch in seinen Mantel hüllt
Und führt sie durch ein Seitenfach
In seines Bruders Schlafgemach.
Bedächtig bleibt er selber stehn
Und läßt den Teufel vorwärts geh'n.
Doch diesem Armen ging es schlimm:
Ein Ritter hieb in vollem Grimm
Den Kopf ihm ab mit einem Streich,
Zu Boden lag des Teufels Leich'.
Die andern greifen schnell zur Flucht,
Ein Jeder sich zu retten sucht.
Der Ritter, der bei Friedrich wacht',
Weil Etwas war schon hinterbracht,
Das war der Herr von Gemmingen,
Er konnt den Teufel leicht bezwingen;
Denn alsbald ward es offenbar,
Daß Ludwig's Hofkaplan es war.
Daß der zum Spuck sich hergegeben,
Das büßte er nun mit dem Leben.

Friedrich der Erste, der Siegreiche,
von 1449 bis 1476.

Schon wieder eine Vormundschaft
Ward für das kleine Kind geschafft.
Des Vaters Bruder Friederich
Der Erste führt sie kräftiglich.
Ein pracht'ger Mann und viel gewandt,
Von kühnem Muth, hell an Verstand.
Und war er klug und weis' im Rath,
So war er rascher noch zur That
Und bis an seines Lebens Rand
Kam nicht das Schwert aus seiner Hand.*)
Kaum war ein Krieg zu End gebracht,
War schon ein andrer angefacht.
Und war er oft auch schwer bekriegt,
Blieb er doch immer unbesiegt.
Was er vollbracht hat weit von hier,
Das zu erzählen meiden wir.
Das eine nur sei angeführt,
Wie er mit Diether Krieg geführt.
Dies war der Erzbischof von Mainz,
Das Haupt des feindlichen Vereins.**)
Er schlug die Feind bei Pfebbersheim 1460,
Und kehrt mit reicher Beute heim.   7. Juli.

Nun aber wendet sich das Blatt:
Der Erzbischof, des Krieges satt,
Ward nun aus einem bittern Feind
Des Pfalzgrafs Friedrich bester Freund.

---

*) Darum pflegte man von ihm zu sagen: "Teutschland habe in dreihundert Jahren keinen so tapfern Kriegshelden gehabt."

**) In diesem Bunde gegen ihn waren außer dem Erzbischof Diether noch Markgraf Albrecht von Brandenburg, Pfalzgraf Ludwig von Veldenz, Graf Ulrich von Württemberg und Markgraf Karl von Baden.

Papst Pius, jener strenge Mann,
Hatt' Diethern in den Bann gethan,
Vom Bischofstuhle abgesetzt,
Adolf von Nassau hinversetzt.
Da wandt' sich Bischof Dieterich
Um Hilf an Kurfürst Friederich,
Indem er ihm dafür versprach
Das Land, das an der Bergstraß lag —
Ein Kleinod wahrlich und ein Schatz —
Für seine Leistung als Ersatz,
Würd' er ihn wieder setzen ein
In seine schöne Stadt am Rhein.
Der Kurfürst sagt' in aller Ruh'
Dem Bischof seinen Beistand zu;
Die Bergstraß war ihm angelegen,
Allein der Kaiser tobt dagegen.
Vom Papst schon mit dem Bann bedacht,
Thut er ihn in die Reichsacht.
Doch Beiden bot der Kurfürst Trutz
Und lieh dem Bischof kräft'gen Schutz.
Das war ein neues Kriegssignal,
Es blieb nun keine andre Wahl.
Graf Adolf strebt mit schlauem Sinn,
Wie er das Bisthum Mainz gewinn',
Und Diether, Herr zu Isenborg,
War darum nun in großer Sorg.
Dem Adolf hatten viele Herrn
Und Fürsten aus der Näh' und Fern
Die treuste Hilf versprochen schon,
Natürlich auch nicht ohne Lohn.
Da sandt' er schnell zu Friederich.
Der fand gerad' in Franken sich;
Er eilte selbst rasch an den Rhein
Und trat erst als Vermittler ein;
Doch fruchtlos war sein ernst Bemüh'n,
So mußt' er denn den Degen zieh'n.

Er brang alsbald ins Mainz'sche vor,
Doch schob die Kält' den Riegel vor.
Der Feldzug warb nun aufgegeben,
Da andre Sachen sich begeben.

Der Reichsacht-Vollzug begann,
Der Kaiser kündet Krieg ihm an,
Und sucht die alten Feind' zu rütteln,
Auch ihre Lehnspflicht abzuschütteln.
Von allen Seiten droht' ihm Krieg.
Die Zahl der Feinde täglich stieg.
Verheerend fiel nun Jeder ein
Ins Feindesland mit Flammenschein.
Verwüstet ward, was offen lag
Und sich zu schützen nicht vermag.
Der Kurfürst war bald hier, bald da,
Er ward bald fern, bald wieder nah'.
Da that die größte Umsicht noth,
Gefahr von allen Seiten droht'.
Drei Feinde dachten nun vor Allen
Vom Süden her ihn anzufallen:
Der Schwabe Ulrich, Karl von Baden,
Sowie des Metzer Bischofs Gnaden.
Sie glaubten ihn vom Lande weit
Und machten sich ganz still bereit,
Die Feste Heidelsheim zu nehmen,
Das würd' den Kurfürst bitter grämen.
Doch schnell ein Bot' zu Friedrich kam,
Und als er nun die Mähr vernahm,
Da macht' er sich in schnellem Lauf
Mit vierzig leichten Reitern auf,
Erreicht' noch in derselben Nacht
Stadt Heidelsheim mit schwacher Macht.
Am andern Tag befiel ein Grauen
Die Feind', als sie den Kurfürst schauen,
Wie er die Stadt vertheidigt kühn.
So war vergeblich ihr Bemüh'n.

Nun faßten sie den kecken Plan,
In Eile sich der Pfalz zu nah'n
Und über sie zu fallen her,
So lang der Pfalzgraf ferne wär'.
Die Wagenburg blieb bei Leon,*)
Die Truppen drangen vorwärts schon,
Verheerten weit und breit die Fluren
Und Rauch und Brand zeigt' ihre Spuren.
Doch mit der schnellen Reiterei
Eilt **Friedrich** in der Still' herbei
Und rief in nächtlich stiller Stund'
Zu Waffen Alles in der Rund.
In allen Orten eil'ge Boten
Freiwillige zusammenboten.
So kam ein reichlicher Ersatz
Nach **Leimen** an den Sammelplatz.
Und als der junge Tag erschien,
Da wandt' er sich zum Neckar hin.
Dort hatt' der Feind in letzter Nacht
Mit seinen Truppen Halt gemacht.
Man hatt' durch Kundschaft es vernommen,
Was sie für einen Weg genommen.
Der Pfalzgraf mit achthundert Pferd'
Folgt ihnen rasch auf ihrer Fährt'.
Das Fußvolk, das zweitausend zählt,
Das stellt sich auf im offnen Feld,
Nachdem es sich bis an den Morgen
Im Wald von **Schwetzingen** verborgen.   30. Juni
Hier traf er auch noch Dietber's Schaaren,   1462.
Die in der Nacht gekommen waren.
Auch Graf von **Katzen-Ellenbogen**
Kam mit dreihundert Roß' gezogen.

    Der Feinde Stellung war prekär:
Vor ihnen floß der Neckar her,

---

*) St. Leon, bei Wiesloch.

Zu ihrer Linken lag der Rhein,
Zur Rechten schloß sie Friedrich ein.
Jetzt konnten sie ihm nicht entrinnen,
Ein schwerer Kampf mußt' sich entspinnen.
Man stellte sich ohn' Zögerung
Auf jeder Seit' in Schlachtordnung.
Noch vor dem Kampf am frühen Tag
Schritt Friedrich zu dem Ritterschlag.
Die Chronik nennt viel eble Namen,
Die hier die Ritterwürd' bekamen.
Da war der Graf von Leiningen,
Und Dietherich von Berlichingen,
Ein Helmstätt und ein Rosenberg,
Jakob und Hans von Frankenberg.
Da war ein junger Sickingen,
Hans Eberhard von Gemmingen,
Ein ebler Herr von Abelsheim,
Dazu Georg von Lichtenstein
Und viele andre Ritter noch.
Der Tag war mitten in der Woch'
Am dreißigsten des Junius
Der folgt auf Peter-Paulus.*) —
Der Kurfürst drauf ermahnt das Heer
Zur Tapferkeit und festen Wehr."
Und Alle riefen: „Leib und Leben
Woll'n wir für unsern Herren geben! —
Nach zwölf Uhr dann der Kampf begann,
Die Ritter kämpften Mann mit Mann.

---

*) Als ein A mit I geziert   — M.
„Vier Hufeisen waren formirt   CCCC.
Ein Axt und der Apostel Zahl   L. XII.
Geschah die Schlacht am Neckar-Thal,
Da schlug und fing ein junger Pfälzer
Einen Baber, Jäger und Sälzer
Friedrich der Siegreich' wolgenannt
Der Chur-Pfalz Zier durch alle Land.

Musketenfeuer hört man krachen,
Ein Jeder sucht sich Bahn zu machen.
Dem Kurfürst ward ein Pferd erstochen,
Der Feind wär' beinah' durchgebrochen;
Denn beiderseits man hitzig focht, —
Weil Haß in ihren Adern kocht', —
Bis dann der Feind in wilder Flucht
Sein Heil nach allen Seiten sucht.
Doch Rhein und Neckar waren groß,
Da war kein Schiff, da war kein Floß;
So waren sie da eingeklemmt,
Auf allen Seiten rings gehemmt.
Das Feld im Rücken war besetzt,
So mußten unbedingt zuletzt,
So viele ihrer noch am Leben,
Auf Gnad' und Ungnad' sich ergeben.
Gefangen ward da Karl von Baden,
Dazu des Metzer Bischofs Gnaden,
Der Graf von Würtemberg, Ulrich,
Und ihr Gefolge männiglich.

So war der Krieg zu End gebracht,
Viel schneller, als man es gedacht.
Um dieses Sieges zu gedenken,
Ließ man ein Monument einsenken,
Worauf der Hergang war berichtet
Und drauf ein Kruzifix errichtet.
Dreihundert Jahre stand es frei,
Dann kam durch Augendienerei
Das Pfälzer Denkmal still abhanden.
Doch ist ein and'res da erstanden,
Das Niemand mehr vertilgen wird:
Ein Dorf, das Friedrich's Namen führt.
Da wo einst stritt der Siegesheld,
Steht jetzt das Dörflein Friedrichsfeld.

Nachdem die Schlacht beendet war,
Wo mancher Held gefallen war,

Da ordnet man ohn' all' Verzug
Nach Heidelberg den Siegeszug;
Dort auf den ganzen Feindestroß
Harrt schon das feste Felsenschloß;
Da sollten sie es bitter büßen,
Daß sie sich so verführen ließen.
Das Volk die Straßen jubelnd füllt;
Bald ward die Neugier nun gestillt.
Voran der Feinde Banner prangen,
Hernach die Häupter, die gefangen,
Mit Blut und Wunden ganz bedeckt,
So daß sie Mitleid nur erweckt.
Beim „heil'gen Geist"*) wird Halt gemacht,
Ein Dankesopfer dargebracht
Dem Herrn, der auch die Schlachten lenkt
Und Sieg und Ruhm dem Rechte schenkt.
Dann machten sich die Bürger Bahn,
Um sich dem Sieger auch zu nah'n;
Sie brachten ihm den Dank der Stadt,
Die er vor Leid bewahret hatt'.
Denn Ulrich hatte schwere Noth
Dem Schloß und auch der Stadt gedroht.
Nun war sie glücklich abgewandt
Durch Gottes und durch Friedrichs Hand.
Von da zog nur ein kleiner Hauf
Mit Friederich zum Schloß hinauf;
Dabei war nur Graf Ulerich,
Der schritt einher ganz trotziglich.
Georg von Metz und Karl von Baden,
Weil sie mit Wunden überladen,
Verblieben in des Arztes Pflege,
Daß Jeder wohl genesen möge.
Sobald Georg geheilet war,
Und man es thun konnt' ohn' Gefahr,
Ward er nach Mannheim dann verbracht,
Wo man ihn hielt in strenger Wacht,

---
*) d. h. bei der Kirche zum heiligen Geist.

Und zwar im nämlichen Gelaß,
Wo einst der Papst Johannes saß.
Zu denken hatt' er reichlich Zeit
An Glückes Unbeständigkeit,
Und wie allein der Kirch' zu leben,
Ein Bischof sollte sich bestreben.
Dann ward der Markgraf K a r l von Baden,
Nachdem die Heilung wohl gerathen,
Zu Ulrich auf das Schloß gesetzt,
Weil er die Lehenspflicht verletzt.
Er hatte von der Pfalz ein Leh'n:
So war der „Treubruch" sein Vergeh'n.
Doch wurden sie nicht schlimm gehalten,
Sie durften eig'ne Diener halten.
Der Kurfürst selber kränkt sie nie,
Ja manchmal wohl besucht er sie.
Er gab sogar einmal ein Fest
Und lud dazu die beiden Gäst'.
Von ihrer Hand die Fesseln fallen,
Es öffnen sich die engen Hallen;
Der Kurfürst schweigend geht voran,
Er führt sie auf den Schloßaltan.
Sie seh'n den blauen Himmel wieder,
Sie blicken auf die Landschaft nieder,
Sie schauen bis zum Rheine hin;
Doch merken sie nicht Friedrich's Sinn.

„Habt Ihr Euch nun recht umgeseh'n,
„So können wir zu Tische geh'n.
„Herein, Ihr Herrn, wenn's Euch gefällt;
„Die Tafel ist vollauf bestellt.
„Ihr seht, zu zieren meinen Tisch,
„Der Neckar liefert mir die Fisch',
„Der Odenwald das wilde Schwein,
„Der alte Wein wird köstlich sein.
„Hier dampft der saft'ge Ochsenbraten,
„Mit Wildpret sind wir wohl berathen.

„So laßt das Mahl Euch jetzo munden,
„Denn kurz gezählet sind die Stunden."
So sprach der Kurfürst treu und bieder,
Die Grafen ließen froh sich nieder,
Doch blicken sie oft um sich her,
Als ob noch was vergessen wär.
Der Pfalzgraf sieht sie fragend an,
Darauf Graf Ulrich so begann:
„Herr Bruder, köstlich sind die Bissen,
Doch warum müssen wir vermissen
Was selbst nicht fehlt der Armuth Noth?
Es fehlet noch das liebe Brod."

„Ganz recht, so ist's, hier fehlt das Brod,
„Das Einz'ge für des Armen Noth;
„Wißt Ihr denn nicht, aus was man's macht?
„Aus Korn und Waizen wird's gemacht.
„Doch wo das Kornfeld ward verheert,
„Und wo die Ernte ward zerstört,
„Was soll da in die Mühle geh'n,
„Aus was soll da das Mehl ersteh'n?
„Und wenn ich selbst das Korn in Haufen
„Aus fremdem Lande wollt' erkaufen,
„Wie würde es in Mehl verwandt?
„Die Mühlen sind ja abgebrannt.
„Habt Ihr's nicht vom Altan erschaut?
„Hat Euch der Anblick nicht gegraut?
„Das hätte sich für Euch gebührt,
„Drum hab' ich Euch dahin geführt.
„Noch sieht man, wie die Mühle dampft,
„Noch ist das Feld vom Huf zerstampft;
„Ihr habt ein wehrlos blühend Land
„In eine Einöd' umgewandt.
„So merket nun, Ihr trotz'gen Herren,
„Auch ich vermiß das Brod nicht gern;
„Doch habe ich der Speisen mehr,
„Die Küche ist Gottlob! nicht leer.

„Was aber hat der a r m e Mann?
„Was hat d e r Uebles Euch gethan,
„Der nun sein täglich B r o b muß missen?
„Ihm dampfen keine andern Bissen;
„Der Hunger thut so weh dem Armen;
„Drum habt ein andermal Erbarmen."

Die Fürsten senkten ihren Blick,
Sie dachten an ihr Werk zurück;
Es ward denselben schwül und bange;
Doch Thränen netzten Friedrich's Wange.
Er fühlte seines Volkes Schmerz,
Denn in ihm schlug ein menschlich Herz.
Das Mahl ward schweigend eingenommen,
Vielleicht zu ihrem Heil und Frommen.

Adolf von N a s s a u war's gelungen,
Er hatte endlich Mainz bezwungen,
Saß fest nun auf dem Bischofsthron,
Verhandelt auch mit D i e t h e r n schon.
So mußt' man denn zum Frieden kommen,
Der Grund zum Krieg war weggenommen.
Da hofften die G e f a n g e n e n nun,
Man werde auch für sie was thun.
Erleichtert zwar ward ihre Haft,
Doch dauert' die Gefangenschaft.
Umsonst war all ihr Harm und Grämen;
Es wollte Niemand sich bequemen,
Aus ihrer Haft sie zu befrei'n.
So thaten sie's zuletzt allein:
Sie zahlten schweres Lösegeld
An Pfändern und an baarem Geld.

Manch' andre Fehde führt er noch,
Woraus er sich stets glücklich zog.
Es mehrt sich so das Pfälzerland
Durch F r i e d r i c h s siegesreiche Hand.

Auch bracht' durch glückliche Verträge
Gebietserweit'rung er zu Wege.
Nicht minder ihm zu Herzen geht
Das Wohl der Universität.
Für äußern Wohlstand sorgte er,
Doch schien es ihm viel wichtiger,
Das Inn're auch zu reformiren
Und neue Ordnung einzuführen.
Er war es, der mit Offenheit
Gewährt die volle Lehrfreiheit:
„Man soll nicht den Magistern wehren,
Was Jeder wolle, frei zu lehren;
Man soll den Schülern nicht verwehren,
Was Jeder wolle, frei zu hören,
Mit Ausnahm' nur, zu jeder Frist,
Was von der Kirch' verboten ist.
Auch lehr' ein Jeder, wie er will
Und aller Tadel schweige still."

Das war fürwahr ein großes Wort,
Das heut noch wirket mächtig fort.
Nur da erblüht die Wissenschaft,
Wo frei der Geist sich Bahnen schafft.
Ein Unglück stand ihm noch bevor;
Doch Friedrich nie den Muth verlor.
Es traf ihn nun des Kaisers Acht,
Die ihn der Kur verlustig macht.
Er kümmert sich nicht viel darum,
Er weiß, wie schwach das Kaiserthum.
Dem Haupt des Reiches fehlt's an Macht,
Vollzieh'n zu lassen seine Acht.
Nachgiebig zeigt sich Friederich,
Ersatz zu thun erbot er sich;
Doch was er bot, ward abgelehnt,
Die Unterhandlung so gedehnt,
Bis endlich eine höh're Macht
Ihn löst von aller ird'schen Acht.

Er legt sein müdes Haupt zur Ruh',
Der Tod schließt ihm die Augen zu.

Bei seinem viel bewegten Leben
Wollt er sich keine Gattin geben;
Er war ja nur Administrator
Und seines Brudersohns *) Curator.
Und weil's in Beider Vortheil lag,
So schlossen sie auf Eid Vertrag:
„Daß er als Kurfürst sollt regieren
Und alle Krieg' und Fehden führen,
Doch solle er sich nicht vermählen
Und Philipp sich zum Sohn erwählen.
Und erst bei Kurfürst Friedrichs Sterben
Sollt Philipp Kur und Länder erben."**)
Er hatte freilich nicht bedacht,
Daß Jeden trifft der Liebe Macht;
Die Liebe sendet ihren Strahl
Belebend durch das Welten-All,
Und wer aus ihrem Borne trinkt,
Deß Herz sie traut und sanft umschlingt.
Er lernte bald ein Mädchen kennen,
Man pflegt' sie Klara nur zu nennen;
Sie stammt' von bürgerlichem Stand
Und Bayern war ihr Vaterland.***)
Sie war zuerst am Münchner Hof
Der Herzogin von Bayern Zof';
Gleich einer aufgeblühten Ros',
Der Schönheit Fülle sie umfloß.
Sanft war der vollen Stimme Klang
Und herzgewinnend ihr Gesang.
Blau war ihr Aug', an ihren Blicken
Hing Friedrich's Auge mit Entzücken.

---

*) Philipp, geboren 1478.
**) Dies ist der sog. Arrogationsvertrag vom Jahr 1452.
***) Klara Dettin war ihr Name. Sie war eine Augsburgerin.

Der Frohsinn ihr die Anmuth lieh —
Kurz, alle Reize schmückten sie.
Sie war so hold, sie war so schön,
Der Kurfürst konnt' nicht widersteh'n.
Und da auch er ihr wohlgefiel,
So trieb die Liebe bald ihr Spiel.
Den Gord'schen Knoten man zerhaut,
Sie ward zur Linken ihm getraut.
Dies Loos nicht selten Fürsten fällt,
Wenn's Herz nicht ebenbürtig wählt.
Er bracht' sie mit nach Heidelberg,
Wo sie vollbracht' manch gutes Werk.
Kehrt' er vom heißen Streit zurück,
Fand er bei ihr sein höchstes Glück,
Mit liebesehnendem Verlangen
Ward er von Klara stets empfangen.
Und ruht er so an ihrer Brust,
Vergaß er Kampf und Kriegeslust.
Ein Kuß von ihrem süßen Mund
Schloß dann auf's Neu' der Liebe Bund,
Der in den vielen schweren Kriegen
Mußt' oftmals lange brach auch liegen.
Wo sich die Hügel südlich biegen,
Da sah man einen Garten liegen,*)
Und von der westlichen Terrass'
Zog abwärts eine schmale Gaß.**)
In diesem Garten mild und sonnig,
Da war's, wo Klara oftmals wonnig
Aus voller Brust die Lieder sang
Und wo der Harfe Ton erklang;
Wo um sie her auf grünem Rasen
Die Pfänder ihrer Liebe saßen,
Die bald mit Gras und Blumen spielten,
Bald auch im weichen Sande wühlten,

---

*) Der jetzige Bremen-Edgarten in größerer Ausdehnung.
**) Der jetzige „kurze Buckel“, der aber durch die spätere Erweiterung der Terasse und des Gartens nach oben eine andere Ausmündung erhielt.

Und die — des Lebens höchstes Glück,
Bewacht' ihr mütterlicher Blick
Da war's, wohin sie oftmals eilte,
Wenn ihr Geliebter ferne weilte,
Sie pflanzte ihn mit eig'ner Hand,
Wodurch sie stets Zerstreuung fand,
Da stolzes Vorurtheil sie ja
Noch oft mit scheelem Aug' besah.
Hier ließ Natur sie auch vergessen,
Daß sie von Adel nicht gewesen.
Sie fragt nicht, ob wir Stammbäum' haben,
Sie spendet Allen gleiche Gaben,
Die Düfte und die Blumen fein,
Den Regen und den Sonnenschein.
So thut es auch die reine Liebe:
Sie haucht in Alle gleiche Triebe,
Sie, eine Tochter der Natur,
Sie folgt hierin der Mutter Spur.
O, wann wird diese Schranke fallen,
Der stets so viele Opfer fallen
Und die so viele Herzen bricht?
O Vorurtheil, weichst du noch nicht!
Zwei Söhne Klara ihm gebar,
Der eine starb mit fünfzehn Jahr',
Der andere — Ludwig war sein Nam —
Die Grafschaft Löwenstein bekam.
Noch zeichnet jetzt sein Stamm sich aus
Im Löwensteiner Fürstenhaus.

Philipp der Aufrichtige, von 1476 bis 1508.

Als Friedrich auf dem Todbett lag,
  Folgt ihm sein Neffe Philipp nach,
  Von ihm als Sohn schon adoptirt,
Der zwei und dreißig Jahr' regiert.

Sein Erbe sucht' er zu erhalten
Und treu und friedlich zu verwalten;
Mit seinen Nachbarn in der Rund
Schloß er Verträg' und Freundschaftsbund.
Versöhnet wurden alte Feind',
Der Kaiser war ihm lange Freund
Und zeigte dies dadurch genug,
Daß er hierher kam zum Besuch,   1489.
Wo man ihn feierlich empfing
Und ihm zur Ehr' ein Fest beging.
Auch liebt er sehr die Waffenspiel'
Und hielt auf Ritter-Ehre viel.
Drum auf dem Waffenplatze hier
Gab ihm ein glänzendes Turnier   1481.
Die rheinisch-pfälz'sche Ritterschaar,
Die zahlreich hier versammelt war.
Vierhundert Ritter sammt dem Troß
Und fünf und dreißig hundert Roß'.

Ein Freund der Bildung und der Kunst
Schenkt Philipp ihnen seine Gunst.
Die Wissenschaft er sehr verehrt,
Berief viel Männer hochgelehrt
An seinen Hof von fern und nah',
Wie Dalberg und Agricola,
Celtes, Bigil und Wesselin,
Besonders auch Johann Reuchlin,
Dazu Trithem, sowie Pleming
Und Bischof Jakob Wimpheling.

So ging es viele Jahre gut,
Bis endlich auch des Krieges Wuth
Den guten Fürsten noch erreicht,
Als schon sein Haar und Bart gebleicht.
Ruprecht, sein Sohn, ein lecker Mann,
Muthwillig einen Krieg begann,

Der, — bayrisch-pfälzischer genannt, —
Viel Unglück bracht' dem Pfälzer Land.
Der Vater nahm den Sohn in Schutz
Und bot den vielen Feinden Trutz,
Die nun der Kaiser herbeschied
Zum Angriff auf das Pfalz-Gebiet.
Nur Einer von den Nachbarn all'
Blieb ihm getreu als sein Vasall,
Der Markgraf Christoph, Fürst von Baden,
Wollt' keinen Meineid auf sich laden;
Er sagte: „Meine Pflicht und Eid,
Die halt' ich höh'r als Land und Leut'".
Wie zahlreich seine Feinde waren,
Kann man aus diesem Lied erfahren,
Das Ruprecht selber hat verfaßt
Und das zu seiner Keckheit paßt:
  „Bund halt stark und brich nit.
  „Römischer König, du haist es nit.
  „Albrecht hat's in der Taschen nit.
  „Landgraf von Hessen schadt mir nit.
  „Würtenberg fleucht vor mir nit.
  „Nürnberg übergiebt uns nit.
  „Brandenburg vermag es nit.
  „Ich will bleiben Pfalzgraf am Rhein
  „Und widersteh'n allen Feinden mein.
  „Der ganze Bund steht wider mich,
  „Dagegen streit ich ritterlich."*)
Noch andre Fürsten, andre Herren
Verbanden sich dem Kreuzzug gern;
Die alte Feindschaft war erwacht,
Zu der sie Friedrich hatt' gebracht.
Als sie der Schlösser viel zerstört
Und Land und Dörfer auch verheert,
Da lagen sie vor Heidelberg;
Doch dieses trotzt mit seiner Stärk'.

---

*) Aus „Müller, Reichstagsstaat." Seite 405. Siehe auch Häußer's Geschichte der rheinischen Pfalz, 1. Band, Seite 470.

Die Mauer war in gutem Stand,
Die Stadt versorgt mit Proviant.
Die Bürger, Lehrer und Studenten,
Sowie auch Herrn aus höhern Ständen
Nunmehr das Waffenhandwerk trieben
Und sich im Exerzieren üben,
Vertheid'gen muthig Stadt und Schloß,
Und wehren ab des Feindes Troß.
So hat der Feind nichts ausgerichtet,
Vom Reichstag ward der Streit geschlichtet.

Ludwig der Fünfte, der Friedfertige, von 1508 bis 1544.

Bald mußte Kurfürst Philipp sterben.
Zwei Söhne hatten ihn zu erben:
Der stille, ernste Ludewig,
Sowie der muntere Friederich.
Der älteste wollt das Land' regieren,
Der zweit' ein freies Leben führen;
So hatte der es selbst gewünscht
Und trat in fremder Fürsten Dienst.
Das Reisen in der weiten Welt
Ihm besser als die Pfalz gefällt,
Durchreist Italien, Engelland,
In Spanien, Frankreich, Niederland
Agirte er als Diplomat,
Was ihm viel Ehr' getragen hat.
Der Kurfürst Ludwig war bemüht,
Die Zwietracht, die noch immer glüht',
Im eignen nah verwandten Haus
Von Bayern ganz zu löschen aus.
So nahm er denn nach eig'ner Wahl
Prinzessin Sybill' zum Gemahl;
Auch kam der Herzog selbst von Bayern,
Der Schwester Hochzeit mitzufeiern;

Die fand allhier in dieser Stadt
Mit großem Glanz und Pompe statt.
Auch B ö h m e n läßt er Freundschaft bieten
Und schließt mit Württemberg nun Frieden.
Der Kaiser Maximilian
Nahm gleichfalls die Versöhnung an.
So konnt' er nun mit freien Händen
Viel Sorgfalt auf sein Land verwenden.
Was ihm auch große Freude macht',
Das war das Bauen und die Jagd.
Die Hochschul', nahe dem Verfall,
Barg einen mönch'schen Geist zumal;
Sie ward deßwegen „reformirt"
Und beßre Lehrer eingeführt;
Doch da zu kärglich ihr Gehalt,
Verließen sie die Stellen bald.
Nun gingen alle Dinge schief,
Sie sank daher von neuem tief.
Doch davon gab ein and'rer Grund,
Der schlimmer war, sich alsbald kund:
Man schloß sich ab dem neuen Licht,
Das in der Kirch' zu Tage bricht.
Es kam der „Mönch von Wittenberg" 1517,
Zu der Zeit auch nach Heidelberg. 26. April.
Es öffnet gastlich ihm die Pforten
Der fromme Augustiner-Orden;
Er ward, so lang er hier docirt,
In ihrem „Mönchhof" einlogirt.
Geht man zu Neuenheim hinaus
Sieht man noch heut das „Lutherhaus".
Vier Jahr' darauf er wiederkehrt,
Als er nach Worms zum Reichstag fährt,
Da ruhte er noch einmal aus
Im kleinen Augustinerhaus.
Als Sickingen ihn warnen wollt',
Daß er nach Worms nicht gehen sollt',

Da sprach der Held: „Ihr lieben Herren,
„Wenn dort so viele Teufel wären,
„Als Ziegel sind auf jedem Dach,
„Ich ginge doch nach Worms gemach,
„Denn ich vertrau auf Gottes Kraft,
„Das ist's, was mir Vertrauen schafft."
Das Disputiren zwar begann,
Denn er schlug vierzig Thesen an;
Doch fand er erst noch wenig Boden,
Und „Winkelpredigt" ward verboten,
Weil Buzer, Brenz und Bellican*)
Des Luthers Lehre priesen an. —
Man kam zwar bald „zu frommen Zwecken,
Um bess're Sitten zu erwecken",
In einer Kirche hier zusammen,
Gelobte auch bei Gottes Namen,
Zur Mäßigkeit zurückzukehren
Und Flüch' und Laster abzuwehren.
Der Kurfürst selbst war auch dabei
Und Fürsten, Grafen, Klerisei.
Ob sie den Schwur getreu gehalten,
Das hat die Chronik nicht behalten.

Um diese Zeit mit raschem Sieg
Verbreitet sich der **Bauernkrieg**
Vom Bodensee bis an den Rhein,
Im Odenwald bis an den Main.
Doch Heidelberg umging die Schaar,
Weil es gar wohl befestigt war.
So fanden viele „Adelsleut'"
Allhier die größte Sicherheit.
Doch, schützten auch die Wäll' und Mauern
Die Heidelberger gegen **Bauern**,
Sie ließen ein den andern Feind:
Es ist die schrecklich' S e u ch' gemeint.

---

*) Drei Männer, die zu den nachmaligen Reformatoren gerechnet werden.

Sie wüthete in weitem Kreis 1529.
Und ward genannt der „englisch Schweiß".
Die Frau'n und Männer voll von Kraft,
Die wurden meist dahin gerafft.
Die Aerzte waren sehr verlegen,
Kein Mittel wußten sie dagegen,
Sie riethen an das Fasten, Schwitzen
Und hinter'm heißen Ofen sitzen.
Herr Hubert Thomas Lobius,
Pfalzgräf'scher Secretarius,
Ward auch befallen von dem „Schweiß";
Das Schwitzen macht ihm gar zu heiß.
Der Durst, ach! plagt ihn fast zu Tod;
Er sah sich in der höchsten Noth,
Er bat die Magd um Gotteswillen,
Doch seinen herben Durst zu stillen,
Die reicht ihm drauf ein halb Maß Bier,
Das leert mit einem Zug er schier,
Und ward noch in derselben Stund
Vom „Schweiß" geheilt und kerngesund.

Ein andrer Schrecken folgte drauf: 1537,
Am Himmel zog ein Wetter auf; 7. April.
Der Sonne Schein verdunkelt sich,
Die Winde heulen fürchterlich,
Wie dürres Reis die Tanne kracht,
Die Stadt hüllt sich in finst're Nacht,
Nur Blitze leuchten, Donner schallt,
Das Echo furchtbar wiederhallt,
Daß selbst die festen Berge zittern,
Und mächt'ge Felsen fast zersplittern.
Die Menschen flieh'n vom Felde fort
Und suchen einen sichern Ort,
Da hört man einen furchtbar'n Knall,
Die Fensterscheiben klirren all,
Die Häuser zittern, Erde bebt,
Und Angst erfüllet was da lebt.

Betäubt steht Jeder und will flieh'n,
Doch weiß er nicht — wo soll er hin?
Der Blitz fiel auf das obere Schloß,
Das barg viel Pulver und Geschoß,
Und ward so in die Luft gesprengt,
Die Trümmer bis zur Stadt gesenkt.

Friedrich der Zweite. 1544 bis 1556.

Als Kurfürst Ludwig war verschieden,
Da sank mit ihm auch Ruh und Frieden,
 Im ganzen deutschen Land dahin,
Denn nun erwacht der Zwietrachtssinn.
Die Lehr' der „Schweizer Confession"
Hatt' einen großen Anhang schon.
Der Kurfürst war ein kluger Mann,
Der neuen Lehr' zwar zugethan,
Doch ging er damit gründlich um,
Verlangt' auch ein Concilium   1545.
Von dem berühmten Theologen
Melanchthon, reif und wohlerwogen.
Allein noch eh' er sich entschloß,
Brach schon das inn're Leben los.
Man sang als wie von ungefähr: 1545.
 „Es ist das Heil uns kommen her.   20. Dezbr.
 „Aus Gnab' und lauter Güten.
 „Die Werk', die helfen nimmermehr,
 „Sie mögen nicht behüten.
 „Der Glaub' sieht Jesum Christum an,
 „Der hat für uns genug gethan,
 „Er ist der Mittler worden.*)
Die Priester floh'n vor diesem Wort
In Eile aus der Kirche fort,

---

*) Dies ist ein Lied von Paul Spretter. Es war so zu sagen das Losungswort überall, wo die Reformation Boden gewann.

Und Niemand weiter forschen mag.
Man glaubt, es sei der jüngste Tag.
Nur Heinrich Stoll, vom neuen Licht
Erleuchtet, blieb, verließ sie nicht.
Drauf ward die Messe b e u t s ch gehalten, 1546,
Das Abendmahl in z w e i Gestalten. 3. Januar.
So war der Anfang nun gemacht
Und glücklich die Reform vollbracht.
Drei Jahre waren kaum verflossen,
Daß so viel Freiheit war genossen,
Da ging es der Gemeinde schlimm:
Verkündet ward das J n t e r i m. — 1548.
Der Kurfürst sagt es unverholen:
„Der Kaiser hab' es so befohlen."
Er mocht' es nicht verderben gern
Mit seinem kaiserlichen Herrn.
Er selber — wer hätt' das gedacht? —
Zog von dem Schloß mit großer Pracht
Herab, die heil'ge Meß zu hören,
Um And're auch noch zu bekehren.
Doch glückt's ihm nicht; denn nach der Predigt
Die Bänke wurden meistens ledig.
Selbst viele Herrn von höhern Ständen
Sah man der Meß den Rücken wenden.
Der Rector K e u l e r nun befahl,
Daß die Studenten all' zumal
Die Prozession begleiten sollten,
Wenn sie nicht Strafe leiden wollten.
Sie aber nannten's „Heuchelei",
Die Prozession „Abgötterei",
Und kamen nicht; sie hielten brav
Und zahlten lieber ihre Straf'.
Doch blieb es trotz der Warnungsstimm'
Noch ein'ge Jahr beim J n t e r i m,
Bis daß der Passauer Vertrag 1552,
Zuletzt auch dessen Geltung brach, 2. August.

Und endlich wurde durch den Frieden
Zu Augsburg*) unser Recht entschieden.
Dies machte Friedrich wieder froh,
Denn sein Gewissen plagt ihn so,
Daß er sich schuldig oft geglaubt,
Weil er ihm seine Stütz' geraubt;
Drum freudig er sie neu begrüßt.
So ward sein Alter noch versüßt.
Er selbst vor seinem Lebensend'
Verlangte nach dem Sakrament;
Nach evangelisch-ächter Weise
Genoß er noch die Himmelsspeise,
Und war er lang ein schwankend Rohr,
Sein Glauben trat doch endlich vor.
So starb, wenn gleich nicht ruhmgekrönt,   23. Febr.
Der Pfalzgraf doch mit Gott versöhnt.   1556.

Otto Heinrich (Ottheinrich) der Großmüthige, von 1556 bis 1559.

Ottheinrich war schon längst entschieden**)
  Dem Lutherthum die Hand zu bieten;
In Neuburg, seinem eignen Land,
Hatt' er dasselbe anerkannt;
Auch war er im schmalkald'schen Bund
Und that es offen Jedem kund.
Das bracht Verfolgung über ihn;
Er mußt' des Kaisers Zorn entflieh'n.
Doch ward dem Edelsinn sein Lohn:
Er erbte bald den Pfälzerthron.
Nun warb er für die neue Lehr'
Die beste Stütz', die stärkste Wehr.

---

*) Durch den sogenannten Religionsfrieden, geschlossen am 21. September 1555.
**) Als er noch Pfalzgraf zu Neuburg war.

Mit Diller, Marbach, Heinrich Stoll,
Drei Männer, edlen Eifers voll,
Berieth er bald ein neu Statut,*)
Worauf die Pfälzer Kirche ruht':
Es ward vom Kurfürst sanctionirt,
Darauf gesetzlich eingeführt.
Auch ward ein Kirchenrath bestellt,
Zwei Weltliche ihm beigesellt.**)
   Ottheinrich war ein edler Mann,
Des Landes Blüthe lag ihm an.
Sein hoher Sinn und Geisteskraft
Beförbert auch die Wissenschaft;
Drum will er auch der Hochschul' Streben
Durch größere Freiheit neu beleben.

Als einst zu Worms Melanchthon war
Und beim Colloquium***) ward klar,
Daß keine Ein'gung mehr zu hoffen,
Da ist die Botschaft eingetroffen:
„Daß Otto Heinrich ihn begehr';
Sobald in Worms er ledig wär',
Sollt' er zu ihm herüber kommen,
Der Universität zum Frommen.
Denn wie dem Volk zu neuem Leben
Die Kirchenordnung er gegeben,
So hoff' er, werd's ihm auch gelingen,
Der Hochschul' bessern Geist zu bringen,
Daß sie, befreit von leerer Spreu,
Der neuen Kirche Zierde sei.
Zu dieser hohen, wicht'gen That
Bedürfe er Melanchthon's Rath." —

---

*) Die Pfälzer Kirchenordnung vom 4. April 1556.
**) Die zwei ersten weltlichen Kirchenräthe waren Christ. Ehem und Thomas Erast, beide Mitglieder der Heidelberger Universität. Siehe Häuser's Geschichte der Pfalz I. S. 633.
***) Das Wormser Colloquium (Unterredung abgeordneter evangelischer und katholischer Geistlichen über Glaubensartikel im Herbst 1557.

Melanchthon fühlt' sich hochgeehrt,
Daß ihn der Kurfürst hält so werth.
Er ist bereit dahin zu gehen,
Mit Rath und That ihm beizustehen.

Die Sonne sinkt, beim Abendschein*)
Zieht still zu Heidelberg herein   22. Oktbr.
Der große Meister, Deutschlands Lehrer;   1557.
Es harren seiner die Verehrer;
Drei Freunde auch begleiten ihn:
Paul Eber, Peucer und Ursin.
Als sie am Marktplatz angekommen,
Ward Herberg in dem „Hirsch" genommen,
Und weil sie müd' vom langen Lauf,
Nimmt bald ein süßer Schlaf sie auf.

Als kaum dem andern Tage früh
Die Sonne ihre Strahlen lieh,
Da hatt' man in der Stadt vernommen
Melanchthon sei schon angekommen.
Die hohe Schul' beeilet sich,
Ihn zu empfangen würdiglich.
Des Kurfürst's ersten Willkommgruß
Der Rector überbringen muß.**)
Die philosoph'sche Facultät
Zu seiner Ehr' ein Fest begeht,
Mit kluger Red' und deutschem Wein,
Daran sich Geist und Herz erfreu'n.
Der edle Meister, sanft und still, —
Ihm saß zur Seit' sein Freund Mycill,
Trinkt freudig auf der Hochschul' Wohl,
Die er nun reformiren soll.

---

*) Bei der hier folgenden Schilderung der Arbeit Melanchthon's ist ein Heftchen "Melanchthon in Heidelberg" von C. Bellermann benützt worden.
**) Um diese Zeit war Rector der Universität: Pfalzgraf Georg Johann von Velden; siehe Häußer I. Seite 693.

Melanchthon geht nun rasch ans Werk,
Gestützt auf seines Geistes Stärk'.
Da galt's viel Schlacken auszuscheiden
Und dürres Holz hinwegzuschneiden,
Vom alten Wege abzulenken
Und neue Triebe einzusenken.
Den Theologen ward empfohlen:
„Die heil'ge Schrift hervorzuholen,
Den Text genau zu exponiren,
Dogmatik gründlich zu tractiren.
Und nicht unnütze eitle Fragen,
Scholast'schen Kram, mehr vorzutragen.
Juristen soll'n Pandekten lehren,
Die Dekretalen wohl erklären.
Den Medizinern wird empfohlen
Mit Schülern Kräuter selbst zu holen.
Sie sollen lehren gut seciren,
Studenten auch zu Kranken führen;
Sie sollen griechisch gut versteh'n
Und gründlich forschen im Galen'.
Die philosoph'sche Fakultät
Ward ganz von neuem Geist durchweht.
Man soll die klass'sche Literatur
Studiren aus den Quellen nur,
Dazu Grammatik und Rhetorik,
Auch Ethik, Physik und Poetik,
Und wie die Lehre wahr und rein
Soll auch der Lehrer Wandel sein."

Als nun die Urkund war vollendet,
Ward sie dem Kurfürst eingesendet;
Dann tritt Melanchthon vor ihn hin
Und spricht mit hochzufrieb'nem Sinn:
„Ich fühle, Herr, ein hohes Glück,
„Wenn ich das Werk nun überblick';
„Wirst du es nun in's Leben führen,
„Wird's deinen Namen ewig zieren,

„In später Zeit noch, edler Fürst,
„Der „Großmüthig'" du heißen wirst.
„Was geistig ist, kann nicht vergeh'n,
„Drum wird Ruperta ewig steh'n
„Als Quelle hoher Geisteskraft
„Im Reich der deutschen Wissenschaft."
Ottheinrich dankt ihm warm und spricht:
„Ich thu' es, bis mein Auge bricht."

Nach diesem Glück ein herber Schmerz
Erwartet noch Melanchthon's Herz.
Denn als sein Werk vollendet war,
Erschien Joachim Camerar,
Sein bester Freund und Lehrgenoß',
Deß Herz sich also nun ergoß:
„Ich kann's nicht länger überwinden,
„Mit Schmerz muß ich dir nun verkünden:
„In Wittenberg liegt auf der Bahr',
„Die deine treue Gattin war."
Erschüttert steht der arme Mann,
Sein Auge hebt sich himmelan;
Der Schmerz ihm fast das Herze bricht,
Doch faßt er sich mit Gott und spricht:
„O meines Hauses Glück und Zier,
„Schlaf wohl, Hannah, ich folge dir!"

Der Kurfürst hielt getreulich Wort
Und setzt' die Besserungsarbeit fort.
Viel Stellen wurden neu besetzt,
Mit Männern, allgemein geschätzt,
Heßhus und Unicornius,*)
Xylander und Lotichius,
Christoph Ehem, Petrus Boquin,
Dazu der Doctor Balduin.
Die nahmen bald die Lehrstühl' ein
Und förderten der Schul' Gedeih'n.

---

*) Paul Einhorn, Professor der Theologie.

Auch für die Schulen sorgt er sehr.
Damit die Bildung sich vermehr;
Gab eine „Schulordnung" heraus,
Schafft' der Sapienz ein neues Haus.
Die Bibliothek vermehrte er
Durch reiche Bücherschätze sehr,
Schon auf der Reis' im Orient
Hatt' er gesammelt viele Bänd';
Er schonte weder Müh' noch Geld —
So ward die Sammlung reich bestellt.

Bei hohem Sinn und reichem Wissen
War er auch sehr der Kunst beflissen.
Ein Grabmal, schön in Stein gehauen,
Ließ er im Chor der Kirch' erbauen,
Das leider einen Streit erregt,
Der viele Geistlichen bewegt.
Die Baukunst hatt' er auch studirt
Und einen Prachtbau aufgeführt,
Der heut' noch seinen Namen trägt
Und viel Bewunderung erregt:
Ottheinrichsbau, der schlank und steil,
Noch prangt, des Schlosses schönster Theil.
Die Heidenzeit, das Judenthum,
Sowie zuletzt das Christenthum
Sind reich symbolisch dargestellt,
Wie es dem Auge wohlgefällt.

Zu thun war noch des Guten viel,
Zu früh kam seines Lebens Ziel.
Nachdem er kaum drei Jahr' regiert,
Ward er vom Tod hinweggeführt.
Doch wird sein Nam' nicht untergeh'n.
So lang die Schloßruinen steh'n,
So lang man Glaubensfreiheit sieht,
So lang Ruperta freudig blüht.

Friedrich der Dritte von 1559 bis 1576.

Als Kurfürst Otto Heinrich starb,
Friedrich der Dritt' die Kur erwarb.
Der Erst're hatte keinen Sohn,
Drum folgte auf den Pfälzerthron
Der Simmer'sche verwandte Stamm,
Der von dem König Ruprecht kam.
Er wünschte in der Kirche Ruh'
Und sah daher nicht müßig zu,
Wie hochmuthsvoll Heßhusius*)
Sich stritt mit seinem Diaconus.**)
Die Frage war, ob Lutherthum
Sollt' herrschen oder Zwinglithum,
Man fragt' nicht nach dem Christenthum;
So trieb's von je das Pfaffenthum.
Als jene Herrn den Zank nicht ließen,
Da mußten sie es bitter büßen;
Denn da sich Beider Schuld ergab,
So setzt der Kurfürst Beide ab.
Zur Schlichtung fernern Streites drum
Berief er ein Collegium,
Zu ordnen ein für alle Mal'
Die Lehr' vom heil'gen Abendmahl.
Doch hier war auch das End vom Lied,
Daß man Bestimmtes nicht entschied.
Der Kurfürst, strenger Calvinist,
Ließ aus den Kirchen ohne Frist
Entfernen Taufstein und Altäre,
„Weil dieses unnütz Zeug nur wäre;"
Die Bilder, als nicht wesenhaft,
Sammt Orgeln wurden abgeschafft,

---

*) Thilemann Heßhusius war Generalsuperintendent.
‡) Sein Diakonus an der heiligen Geistkirche war W. Klebitz.

Zum Abendmahl ein Tisch genügt',
Wo Brod auf einem Teller liegt.
So ward denn Alles reformirt,
Der Calvinismus eingeführt.
Ursinus und Olevian
Den Katechismus schaffen an,
Der „Heidelberger" ward genannt
Und eingeführt in alle Land'.

Nun folgt ein ketzerisch Gericht,
Ein blutig Blatt in der Geschicht'.
Möcht' gern den Schleier drüber zieh'n,
Doch wär' vergeblich dies Bemüh'n.
Was je gescheh'n, verhehlt sich nicht:
Geschichte ist das Weltgericht.
Die Pred'ger Neuser und Sylvan*)
Dem Arianismus**) zugethan,
Verletzten so ein Grundgebot;
Sie lehrten: „Christus sei nicht Gott."
Dies hört' der Kurfürst mit Entsetzen,
Ließ Beide in's Gefängniß setzen.
Der Erstere entfloh mit Noth,
Sylvan jedoch verfiel — dem Tod;
Weil er, was er gelehrt, behauptet,
Ward er auf off'nem Markt enthauptet.
So ward das Christenthum geschändet,
Man war von Glaubenswuth verblendet.
Es herrscht' da noch der finst're Geist,
Den man oft „Glaubenseifer" heißt.
Gottlob, daß solche Zeit vorbei,
Daß Jedem steht sein Glauben frei!
Es war des Zelotismus Werk,
Der damals blüht' in Heidelberg,

---

*) Adam Neuser war Prediger an der Peterskirche in Heidelberg und Joh. Sylvan Inspector in Ladenburg.
**) Der Arianismus glaubt nicht an die Dreieinigkeit und folglich auch nicht an die Gottheit Christi.

Doch Friedrich war nicht schuld daran;
Er nahm sich gern Verfolgter an.
Wenn sie — nur calvinistisch waren;
So gab er viel vertrieb'nen Schaaren
Aus Frankreich einen Zufluchtsort*)
Und ward derselben Schirm und Hort.

Auch aller Jugendunterricht
Lag ihm am Herzen; dafür spricht
Das neuere Gymnasium   1560.
Fürs alte Pädagogium,
Dem er die Neckarschul verband,   1565.
Und viele Rechte zugestand.
Und heute noch in Blüthe steht,
Was Kurfürst Friedrich einst gesä't.

Als Friedrich siebzehn Jahr' regiert
Und Alles gut und wohl vollführt,
Ward er durch einen sanften Tod   20. Oktober
Geführt zu seinem Herrn und Gott.   1576.
Es schied in ihm ein guter Fürst.
Wie du sie selten finden wirst.
Er war ein redlich-offner Mann,
Der nie auf böse Ränke sann,
Und wie er treu dem Glauben blieb,
So war Gerechtigkeit ihm lieb.
Es stand im Thor zum heil'gen Geist
Ein Grabesstein, worauf es heißt:
  „Friedrich, Pfalzgraf, der theure Mann,
  „Von weyland König Ruprechts Stamm,
  „War von dem Simmern'schen Haus geboren,
  „Der Erst' daraus zur Chur erkoren,
  „Er war von Gott und Tugend reich,
  „Ließ Recht ergehen Jedem gleich,

---

*) Diese ließen sich in Frankenthal nieder, andere in Heidelberg, Schönau u. s. w.

„Beförbert auch das Vaterland
„Und that den Türken Widerstand.
„Sein Land regiert' er mildiglich,
„Auf Gott traut allzeit festiglich,
„In Gottesfurcht sein Leben führt,
„Wie einem solchen Herrn gebührt.
„Und als sich naht sein Lebens-End
„Befahl sein Seel in Gottes Händ'".

Ludwig der Sechste, von 1576 bis 1583.

Ludwig, des vor'gen ältster Sohn,
Bestieg alsbald den Pfälzerthron.
Zwar war er auch ein frommer Mann,
Doch sah er Alles anders an.
Er war in Luthers Lehr' erzogen,
Drum blieb er ihr allein gewogen
Und wandelt' „zu des Landes Heil"
Des Vaters Werk in's Gegentheil.
Das Lutherthum zu restauriren,
Den alten Cultus einzuführen:
Das war sein eifrigstes Bemüh'n,
Das nur allein beruhigt ihn.
Altär' und Taufstein kehrten wieder,
Mit Orgelklang man sang die Lieder.
Die Pfarrer wurden abgesetzt
Und Luth'rische dafür gesetzt.
Verbannet ward Olevian,
Dieß Schicksal theilte auch Tossan,
Wer sich nicht fügte, saß nicht fest,
Der Kanzler selbst kam in Arrest.
Im Sapienz-Collegium
Da wandelte man Alles um:
Viel' Zögling' wurden ausgetrieben,
Weil sie beim Calvinismus blieben.

Auch in der Universität
War bald von Aenderung die Red'.
Entlassen wurden Zanchius,
Boquinus und Tremellius.
Das war ein schlechter Lohn und Dank
Für treue Dienste Jahre lang.
Kaum, daß man sie vor höchster Noth
Noch schützte durch ein Stücklein Brod!
So schieden sie voll Gram und Schmerz
Und suchten Hilfe anderwärts.*)
Und dies geschah „zu Gottes Ehre"!
Wird so erfüllet Christi Lehre?
Zum Eifern, Schelten und Verdammen
Mißbraucht' man schmählich Luthers Namen.
Die Bibel selbst, das Gottes-Wort
Sank unter eines Menschen Wort!
O Glaubenshaß! O Unverstand!
Wie schwer drückt deine Unglücksband!

Der Sektenhaß war nun befriedigt,
Der Glaubenseifer auch begütigt,
Und Kurfürst Ludwig wünschte nun
Von seinem Werke auszuruh'n.
Doch der fanat'sche Patiens
Bestürmte seine Residenz
Und machte ihm die Hölle heiß,
Daß er sich nicht zu helfen weiß:
„Concordienformel unterschrieben!
Die besten Lehrer weggetrieben!"
Nicht weniger als zehn zumal —
O welch ein schrecklicher Skandal!

Das war ein Werk der Theologen!
Der Kurfürst selbst sah sich bewogen,

---

*) Sie gingen nach Neustadt a. d. H., wo Pfalzgraf Johann Casimir eine Art Hochschule gründete.

Die Sache nicht so streng zu fassen,
Er wollte Milde walten lassen
Und litt, mit seines Worts Gewicht
Die fernere Verfolgung nicht.
Zu Ernst von Baden*) sagte er:
„Ich thät es jetzt gewiß nicht mehr,
„Hätt ich nicht früher unterschrieben;**)
„Doch ist es nun dabei verblieben."

 Ein eigenhändig Tagebuch
Hat uns bewahrt den Lebensspruch,
Den man auch noch auf Münzen find't:
Daß „Alle Ding' zergänglich sind."
Deßgleichen: „Diese Welt vergeht,
Die Lieb' zu Gott allein besteht."
„Des christlich' Glaubens Innigkeit
Ein Grund ist aller Freudigkeit."
Man sieht, er war ein frommer Christ;   1583.
Er starb nach kurzer Lebensfrist.   12. Oktober.

Johann Casimir von 1583 bis 1592.

Des vor'gen Sohn war noch zu klein,
So trat die Vormundschaft nun ein.
 Sie führte Johann Casimir,
Des Vaters Bruder, nach Gebühr,
Er war ein zweiter Friederich
Und hielt nach seinem Vorbild sich.
Dem Calvinismus war er Freund,
Dem Pfaffenthum ein großer Feind,***)
Drum stößt er Alles wieder um,
Was fußte in dem Lutherthum.

---

*) Markgrafen von Baden.
**) Nämlich die Concordienformel.
***) Dies geht besonders hervor aus seinem eigenhändig geschriebenen Tagebuch, aufbewahrt im Cod. Pal. 768.

Die Pfalz ward wieder „reformirt",
Der alte Cultus eingeführt,
Doch es geschah mit Vorbehalt
Und nicht, wie früher, mit Gewalt.
Als man Tossau zurückberief,
Die ganze Menge zu ihm lief.
Da war die Schloßkirch' viel zu klein,
Drum zog „zum heil'gen Geist" man ein.
Die andern Kirchen man gewährt
Den Lutherischen unbeschwert.
Nicht Einer wurde abgesetzt
Und so kein billig Recht verletzt.
Man wollt' Geduld und Nachsicht tragen,
Nur sollten sie sich nicht beklagen.
Allein sie waren nicht zufrieden
Und brachen bald den neuen Frieden.
Zum Dank für dies gerecht Verfahren
War heftiger nur ihr Gebahren:
Sie ließen es auch nicht dabei
Und schimpften über Ketzerei,
Verglichen ohne alle Schaam
Den Pfalzgraf mit Jerobeam.
Der Kurfürst ließ sie ernstlich mahnen;
Umsonst war Drohen und Vermahnen,
Bis endlich nichts mehr übrig blieb,
Als daß man aus dem Amt sie trieb.
Und fortgesetzte Störrigkeit
Bracht' endlich Casimir so weit,
Daß er es wie sein Vorfahr' machte,
Und so den Streit zu Ende brachte.

Auch blüht die Universität
Und jede einz'le Fakultät
Durch Johann Casimir auf's Neu',
Und alle Schulen auch dabei.
Er ließ ein neues Haus erbauen;
Am Eingang war die Schrift zu schauen:

„Als Pflanzschul' dien' dies neu Gebäud
Rechtgläubiger Gelehrsamkeit."
Am Platz des jetzigen es stand,
Doch M e l a c hat es abgebrannt.

Das erst' berühmte große Faß,
Enthaltend sechzigtausend Maas,
Ward auch gezimmert ohne Fehl
Auf Johann Casimirs Befehl.
Auch sonst sorgt er mit Vaterhand
Für sein geliebtes Pfälzerland,
Und heute noch die Stadt ihm dankt.
Doch eh' die Frucht zur Reif' gelangt,
Die er so reichlich ausgesä't,
Ward er zum Himmel schon erhöht.
„Herr, sprach er sterbend, gehe nicht
Mit deinem Knechte in's Gericht.
Ach Herr, ich bin ein sünd'ger Knecht,
Vor dir ist ja kein Mensch gerecht."
Es war gegangen ihm voran
Sein Schwager Herzog Christian;
Der stets der Kirch', dem Vaterland
Mit treu'ster Hilf' zur Seite stand.
Und das betrübte ihn so sehr,
Daß er nicht wollte leben mehr.
Ob seinem Tod herrscht tiefes Trauern,
In allen Kreisen viel Bedauern;
In allen Kirchen hört' man Beten
Und herrliche Gedächtnißreden.*)

---

*) Die Rede des Lupichius enthält folgende Stelle:
  Zwei C wir bald verloren han:
  Pfalz: C a s i m i r, Sachs: C h r i s t i a n.
  Groß Creuz thut es bedeuten.

Friedrich der Vierte von 1592 bis 1610.

Sein Neffe Friederich der Viert'
In eig'nem Namen nun regiert.
Obschon der Simmern'sche Richard
Sich widersetzte steif und hart.
Der Streit in Kirch' und Religion
Verwirrte Reich und Länder schon;
Die protestant'schen Fürsten kamen
Zum neuen Bunde bald zusammen,*)
Auch Kurfürst Friedrich war dabei
Und blieb stets seinem Worte treu.
Die Theologen zankten sich
In Schrift' und Büchern fürchterlich,
Schimpfnamen füllten jedes Blatt —
Das war das ganze Resultat.
Der Kurfürst ließ dem seinen Lauf,
Doch gab er nicht die Hoffnung auf,
Die Streitenden noch zu versöhnen
Und sie zum Frieden zu gewöhnen.
Der Hochschul' ward durch ihn gegeben
Ein neues reges, geist'ges Leben.
Die besten Lehrer wirkten hier,
Die Jugend war voll Lernbegier.
So fanden sich denn reich zusammen
In Wissenschaft berühmte Namen;
Es lohnt der Müh', sie All' zu kennen,
Doch will ich einige nur nennen:
Da war Tossan, Smets, Pacius,
Melissus, Pareus, Stenius,
Sylburg, Christmann, sowie Gruterus,
Gothfred; auch Spina und Freherus.
Die Bibliothek gar sehr gewann
Und zog auch viel Gelehrte an.

---

*) Zu Heilbronn, März 1594.

Die reichsten Schätze sammelt' hier
Der Fürst für ächte Lernbegier.
Jetzt schlummert sie im Vatikan,
Man denkt mit bittrem Schmerz daran.

Ein andrer Plan auch reifte schnell:
Am Rhein zu bauen ein Castell
Sammt Stadt, als eine feste Wehr
Dem Pfälzerland zu Schutz und Ehr'. 1606.
Der Grund ward feierlich gelegt,
Die ganze Gegend war erregt.
Ein reicher Hofstaat war zugegen,
Obschon in Strömen fiel der Regen.
Es war dabei ein groß Gedräng'
Denn zahllos war die Menschenmeng'.
Die Feier mit Gebet begann,
Es folgte drauf die Predigt dann.
Zum Schluß man sang: „Ein' feste Burg"
Und nannt die Feste **Friedrichsburg**.
Dann lud zum Mahl der Kurfürst ein,
Man trank dabei „Mannheimer Wein".

Das Bauen macht ihm Freude auch;
Es war so fürstlicher Gebrauch,
Daß man am Schlosse weiter baut.
Zur Seite, die nach Norden schaut,
Stand lang zuvor ein alt Castell,
Dahin baut er die **Schloßkapell'**,
An Pracht und Kunst ein Meisterstück.
Zwar fesselt es nicht so den Blick,
Da's von Skulptur und Schnörkeln strotzt,
Doch hat es Sturm und Zeit getrotzt.
Der Theil heißt heut' noch „Friedrichsbau"
Und bietet Fremden reiche Schau.

———

Noch immer war das Reich gespalten,
Es herrschten feindliche Gewalten:

Die Luth'rischen und Calvinisten —
Katholische sammt den Papisten.
Die Spannung nahm stets überhand,
Es theilte sich das deutsche Land.
Was früher vorbereitet war,
Das reifte nun von Jahr zu Jahr,
Und so, nach langen Weh'n entstund
Ein fester Protestantenbund:
Der erste Unionsvertrag,   1608.
Wie man ihn füglich nennen mag.
Voran ging Friederich der Viert',
Dem dafür alle Ehr' gebührt.
So war auch er durch That und Wort
Der Protestanten fester Hort.
Da kam der Tod und rief ihn ab
Und legte ihn in's frühe Grab.

Friedrich der Fünfte von 1610 bis 1632.

Auch hier trat eine Vormundschaft
Nach Friedrichs Testament in Kraft.
Pfalzgraf Johann behauptet sie,
Regiert mit Kraft und Energie.
Da es an einem Kaiser fehlt'
Ward Matthias dazu gewählt.   1612.
Der junge Prinz war auch dabei,
Damit er lern', was Rechtens sei.
Als er dann zählte siebzehn Jahr
Und noch nicht selber Kurfürst war,
Da reiste er nach Engelland
Und schloß daselbst ein Eheband: 1613,
Elisabeth, das Königskind,   14. Februar.
Des jungen Prinzen Herz gewinnt.
Sie war für ihn geschaffen ganz,
Nur liebte sie zu sehr den Glanz,

Wiewohl auch er prachtliebend war,
Ja sehr verschwenderisch sogar.
Doch bracht' es so die Hofessitt' —
Damals schon sehr verbreitet — mit;
Die „gute alte Zeit" war hin
Und mit ihr einfach-stiller Sinn.
Auf lustig Leben, Glanz und Pracht
Die Fürsten waren meist bedacht,
Und Volkes Glück und Wohlfahrt stund
Schon mehr zurück im Hintergrund.

Von diesem gab ein treues Bild
Der Einzug, den der Pfalzgraf hielt
In Oppenheim, Worms, Frankenthal,
In Heidelberg und überall.
Es kamen viele hohe Gäste
Zu diesem glänzendsten der Feste;
Die Stadt war selber hoch entzückt,
Mit Blumenkränzen reich geschmückt.
Der Ehrenpforten standen viel
Bis auf das Schloß als letztes Ziel.
Die „Willkomm", die darauf geschrieben
Sind uns noch aufbewahrt geblieben:

„Gott durch sein Rath zusammenfügt,
„Was gar weit auseinander liegt. —

„Erwartet lange, mit Begier
„Aus Engelland kommst nun zu mir,
„Gott angenehm, uns lieb in Freud',
„Der Pfalz Hoffnung und Zier allzeit.
„Wir wünschen sehr, o Fräulein zart,
„Daß Pfalz du mehrst nach deiner Art."

„Friedrich der Fünft', Pfalzgraf-Churfürst,
„Den stets nach Ehr' und Tugend dürst't,
„Der jungen Mannschaft rechte Zier,
„Europa Hoffnung hat zu dir.
„Noch größ're hat das deutsche Land,
„Die größt' hat Pfalz, dein Vaterland."

Auch gab es reiche Masferaden,
Bankett', Turnier' und Tanzparaden;
Dazu auch Jagd und Schmauserei'n
Und täglich — zwanzig Fuder Wein!
Und auf dem Fluß ein Feuerwerk,
Wie's nie mehr gab in Heidelberg.
Man trug der fremden Sitten Joch
Auch in den nächsten Jahren noch;

Der Stückgarten.

Doch war die Lustbarkeit zu theuer,
Die Summen dafür ungeheuer.
Ein häuslich Glück zwar herrschte vor,
Das sich bei Friedrich nie verlor.
Denn Liebe war das feste Band,
Das in der Ehe fortbestand.

Ein Lieblingswerk war auch das Bauen;
Da gab's noch Felsen auszuhauen
Und neue Gärten anzulegen.

Er ließ daher de Caus bewegen,
Daß er aus Frankreich zu ihm kam
Und diese Arbeit übernahm.
Noch heute ragt daraus hervor,
Das alt' Elisabethenthor
Und alle Fremden gern verweilen
Vor diesen grün-umrankten Säulen.
Der Garten ist jetzt nicht mehr sein,
Doch ladt er zum Genusse ein,
Der Abendsonne Gluth zu seh'n
Und ihr entzückend Untergeh'n.
Da schweift des Wandrers Blick so gerne
Nach rechts und links zur blauen Ferne;
Da glänzt des Neckars Silberband,
Bis er sich mit dem Rhein verband.
Und lieblich sind da anzuschauen
Des Rheingaus blühend grüne Auen.

Der kolossale dicke Thurm, —
Gesprengt bei Melac's wildem Sturm,   1689.
Der nordwest in die Ebene schaut,
Ward von ihm prachtvoll ausgebaut.
Ein „Peter Karl" aus Nürenberg
Vollbracht mit Ruhm das große Werk,*)
Wie kaum man je ein gleiches sah;
Jetzt steht es als Ruine da,
Ein stummer Zeuge alter Pracht.
Hier fesselt's dich mit Zaubermacht —
Läß'tst du dir's Steigen nicht verdrießen —
Der Aussicht Reize zu genießen.

Ein andrer Bau war auch berühmt,
Den zu erwähnen es geziemt.

---

*) Dieser weltberühmte kolossale Bau, der dicke Thurm genannt, "dessen Gleichen an Stärke ehemals wenig in Deutschland zu finden gewesen", war von Ludwig V. in kleinerem Maßstabe aufgeführt, 1553. Friederich V. ließ ihn durch den genannten Baumeister bis zum Gurtgesims abbrechen und den großen Speisesaal um 33 Fuß erhöhen.

Da wo jetzt steht die Ruprechtshall',
(Ein Dach giebt Schutz vor dem Verfall,)
Da stand einst an der gleichen Stell'
Die älteste „reiche" Schloßkapell'.

Der dicke Thurm.

Sie ward, wenn man der Chronik traut,
Von Kurfürst Ruprecht auferbaut,
Dann, weil vom vierten Friederich
Die neue Schloßkapelle*) sich
Erhob mit königlicher Pracht,
Ward sie zum Königssaal gemacht.
Das war auch Friedrich's letztes Werk,
Eh' er verließ sein Heidelberg.
Es war hier eine Pracht ohn' End',
Vom Golde strotzten alle Wänd'.
Doch jetzt! Wo ist der Königssaal?
Die Wände stehen leer und kahl;
Die Schweden hausten übel schon,

---

*) Der Friedrichsbau, siehe Seite 67.

Entführten manchen Schatz davon.
Doch der Franzosen rohe Horb'
Nahm noch das Uebrige mit fort.
Sie brannten alles Holzwerk an,
Die Mauer blieb allein daran.
Karl Theodor ließ lang darnach
Errichten drauf ein neues Dach —
Und aus dem alten Königsaal
Entstand nun eine weite Hall',
Daraus zog man nun doch Gewinn,
Die Küfer banden Faß' darin,
Die gingen lang da ein und aus
Und nannten sie das „Faßbandhaus."
Der Name blieb in Volkes Mund,
Bis sie benützt der Schwabenbund.*)
Die Halle ward nur so genannt,
Bis man den rechten Namen kannt',
Seitdem nennt man den weiten Saal,
Ruprecht zu Ehren — **Ruprechtshall'**.

Noch lebte harmlos **Friedrich** da,
Und doch war die Gefahr schon nah.
Es zogen schwarze Wolken auf
Vor Friedrichs Stern in raschem Lauf.
Die Böhmen hatten **Ferdinand**
Von ihrem Königsthron verbannt,
Weil er, der Ligue zugethan,
Der Böhmen Glauben Feindschaft spann.
Und dennoch war die Kaiserwahl
Auf ihn gefallen dazumal.
Die Böhmen wählten **Friederich**,
Und dieser auch bestimmte sich,
Die königliche Kron' von Böhmen
Nach langem Schwanken anzunehmen.

---

*) Das Heidelberger Schwaben-Corps beging hier am 30. Juni 1860 sein 50jähriges Stiftungsfest, beschrieben in „Suevias Ehrentag", Heidelberg bei Ad. Emmerling 1860.

Verhängnißvoll war dieser Schritt,
Der gegen Pflicht und Rechte stritt.
Die Freunde riethen bringend ab —
So grub er selber sich sein Grab.
Die Sag' erzählt' uns, wie es kam,
Daß er zuletzt den Entschluß nahm:
Als schon der Tag der Nacht gewichen,
Die kurze Frist schon fast verstrichen,
Die als Bedenkzeit er erbeten,
Sah man auf den Altan ihn treten.
Da stand er mit bethräntem Blick
Und dachte an sein wirklich Glück.
„Soll' ich das schöne Land verlassen,
Wo meine Ahnen ruhmreich saßen,
Wo man mich jüngst so lieb empfangen,
Wo Alle herzlich an mir hangen?
Das Land, wo Himmels Segen wohnt,
Das mir mit biebrer Treue lohnt?
Die schöne Pfalz zu meinen Füßen
Läßt mich ein reiches Glück genießen;
Von meinen Vätern überkommen,
Hab' ich als Pfand sie angenommen.
Da liegt sie nun, des Friedens Bild,
Die wohl bescheid'ne Wünsche stillt.
Es dürfte wahrlich mir geziemen,
Mich eines solchen Land's zu rühmen.
Wer weiß, wie's in der Fremde geht,
Ob dort das Glück zur Seit' mir steht;
Ob nicht der Feinde schlaue Kunst
Mir raubt des neuen Volkes Gunst.
Soll ich mich um mein Glück betrügen?
Kann ich der schweren Pflicht genügen?"
Schon neigte sich der Waage Schal',
Nicht anzunehmen jene Wahl,
Da trat Elisabeth heran,
Sah ihm die bangen Zweifel an;

„Wie, sprach sie, willst du schwach jetzt sein?
Die Königstochter konnt'st du frei'n,
Und wenn ein Königsthron sich bietet,
Der ihr den englischen vergütet,
Schlägst du die Krone feige aus!
Ziemt das dem edlen Pfälzerhaus?"

Dies treibt dem Fürst das Blut zur Wang',
Er zögerte darauf nicht lang;
Erfüllt mit heimlich stillem Grimm
Spricht er alsbald mit lauter Stimm':
„Ruft mir die böhmischen Gesandten."
Und als dieselben vor ihm standen:
Empfangt mein „Ja", der Kurfürst sprach,
„Reist ab, ich folge bald Euch nach."
Die sattelten alsbald ihr Roß,
Verließen in der Nacht das Schloß.

Er reist nach Prag und läßt sich krönen;
Er hofft da bald sich zu gewöhnen,
Doch sah er sich gar oft gehemmt,
Denn Sprach' und Sitte war ihm fremd.
Jetzt galt's die Kron auch zu behaupten,
Was schwerer war, als Manche glaubten.
Vom Kaiser ward die Wahl kassirt,   1620,
Die Achtserklärung motivirt;   29. Januar.
Die Schlacht am weißen Berg entbrannt,
Da hatte Friedrich schweren Stand.
Es ward, als sie für ihn verloren,
Als Zuflucht Breslau auserkoren.
Elisabeth ging nach Küstrin,
Dann führt' sie Friedrich nach Berlin,
Da's dort am Nöthigsten gebrach,
So eilten sie zuletzt nach Haag.
Drauf ward die Acht nun laut erklärt,
Weil er Rebellen Hilf' gewährt.
Der Vollzug ward dem anvertraut,
Der lang schon nach dem Kurhut schaut;

Vom Reichsgericht war keine Red',
Wie's in der gold'nen Bulle steht.
Am Rhein erschien ein spanisches Heer,
Rasch in die Pfalz zog es daher.
Die Union zersplittert' sich
Durch Feindes Ränk' und nied're Schlich'.
Des Evangeliums Vertreter
Gebaren sich nun als Verräther,
Und, um es jetzt nur kurz zu fassen —
Der arme Friedrich ward verlassen.

Wie sah's in Heidelberg nun aus?
Da herrschte Schrecken, Furcht und Graus;
Es drohte schreckliche Gefahr
Durch Tilly's wilde Kriegerschaar.
Die Stadt ward fürchterlich beschossen,
Doch wenig Blut dabei vergossen;
Der erste Sturm ward abgeschlagen,
Doch Tilly ließ den zweiten wagen.
Verstärkung war herbeigekommen,
Die Vorstadt ward zuerst genommen;
Vergossen ward viel Bürgerblut
Durch roher Soldateska Wuth,
Und jede Feder muß sich sträuben,
Die Schändlichkeiten zu beschreiben,
Die Gräuel, die man nun beginnt
Erbarmungslos mit Weib und Kind.
Denn wo der Fanatismus thront,
Da wird die Unschuld nicht verschont.

Noch war das Schloß in sich'rer Hand,
Allein der schwache Kommandant*)
Entschloß sich bald zur Uebergab'   19. Septbr.
Und zog daraus auch wirklich ab,   1622.
Doch ohne für die Stadt zu sorgen,
Noch auf der Bürger Bitt' zu horchen,

---

*) Sein Name war von der Merven.

Denn für die Stadt und Schulanstalten
Ward Schutz und Recht nicht vorbehalten.
So traf sie nun ein schweres Loos,
Die Hochschul' litt den Todesstoß.
Die Lehrer wurden abgesetzt,
Verbriefte Rechte schwer verletzt.
Bald Alles auseinander stieb,
Kaum daß noch e i n Professor blieb.
Studenten gab's nur Wen'ge mehr,
Hörsäl' und Aula standen leer;
Die Theologie ward ganz kassirt
Und Niemand ward mehr inscribirt.
Die ganze reiche Bibliothek
Die schleppte man nach Rom hinweg,
„Damit die Quell' der Ketzerei
„Für immer nun verstopfet sei."
Ein päpstlicher Gesandter kam —
L e o A l a c c i war sein Nam' —
Der zählt' und packte Alles wohl,
Belud dann fünfzig Wagen voll,
Und fuhr mit seinem Raub davon —
Dem kaiserlichen Wort zum Hohn.
Doch darf man Heidelberg nicht schelten,
Ich kann zu seiner Ehre melden,
Daß Keiner da die Hand nur bot.
Drum war Leo in großer Noth:
Es fehlten ihm die nöth'gen Sachen,
Kein Schreiner wollte Kisten machen,
Kein Schlosser einen Nagel schlagen,
Kein Packer brachte sie zum Wagen,
Kein Weber wollte Packtuch weben,
Kein Fuhrmann seine Pferde geben,
Und hätt' nicht Tilly selbst gedroht
Mit Peitschenhieben und mit Tod,
Und angewandt Gewalt und Macht,
Man hätt' sie nimmer fortgebracht. —

Den Kurfürst Maximilian
Klagt man daher noch heute an,
Daß er die Zierde dieser Stadt
Im Vatikan begraben hat.
Hätt' er nach Bayern sie genommen,
Wär' Deutschland doch nicht drum gekommen,
Wie glücklich wär sein Nachkomm'*) nun,
Würd' sie bei ihm in München ruh'n,
Bei ihm, der so viel Gutes schafft
Zur Förd'rung deutscher Wissenschaft,
Und dem's vielleicht auch noch gelingt,
Daß er für Deutschland sie erringt.
Auch sonst ward üb'rall schlimm geschaltet,
Denn wo Soldatenherrschaft waltet,
Im Bunde mit Jesuitenlist,
Gewiß ein Land im Elend ist.
Das Korn, der Wein ward weggeführt,
Wer noch was hatt', es jetzt verliert.
Die Pfarrer wurden abgesetzt,**)
Kathol'sche dafür eingesetzt;
Doch rettet' man dabei den Schein:
Es sollte Nichts „gewaltsam" sein.
Trotzdem ging Alles rasch von Statten,
Da sie Befehl vom Herzog hatten.
Viel Männer ließen sich bekehren,
Wogegen Frauen zäh sich wehren.
Dem Kurfürst konnt' man's nicht verhehlen.
So ließ er denn auf's Neu befehlen,
„Daß auch die weltlich' Obrigkeit
Den Beistand leih' der Geistlichkeit,
Und wenn die Weiber sich nicht beugen,
So muß man ihnen Strenge zeigen."
Auch ließ man Bilder mittlerweilen
Und Rosenkränz' umsonst vertheilen.

---

*) König Max von Bayern.
**) Ueber diese Zeit der Reaction vergl. Häußer's Geschichte der rheinischen Pfalz. Drittes Buch. V. Abschnitt, § 8.

Natürlich gab's auch Widerstand:
Ein Pfälzerherz ist nicht von Sand,
Den heut' ein Wind nach rechts hin weht
Und morgen wieder linksum dreht.
Drum wanderten auch Viele aus,
Verließen Hab' und Gut und Haus,
Und ließen sich den reinen Glauben
Durch keinen ird'schen Vortheil rauben.
Wollt' je ein Bürger sich beschweren,
So wußte man ihn bald zu lehren,
Wie man sich in sein Schicksal fügt,
Wenn schwerer Druck auf Einem liegt.
Und so besaßen Jesuiten
Das Seelenfeld nun unbestritten;
Drum sprach der päpstliche Legat,*)
Der viel für die Belehrung that:
"Die Pfalz ist wieder neugeboren,
Sie war für's Himmelreich verloren."

Das war die Zeit der Reaction,
Allein sie fand bald ihren Lohn.
Schon zog ein mächt'ger Siegesheld **)
Zum großen Staunen aller Welt
Vom Norden her mit Kriegesmacht,
Und sieggewohnt in jeder Schlacht,
Vertreibt er aus dem deutschen Land
Die Spanier mit starker Hand,
Besetzt die Pfalz, sowie den Rhein,
Um sie vom Feinde zu befrei'n.
Nur Heidelberg als festes Pfand
War noch in Maximilian's Hand.
Drauf einte Pfalzgraf Friederich
Mit König Gustav Adolf sich,
Der ihm versprach den Weg zu bahnen
Zur Rückkehr in das Land der Ahnen;

---
*) Der päpstliche Nuntius Carafa.
**) Der Schwedenkönig Gustav Adolf.

Doch war es nicht des Himmels Will',
Daß er erreichte dieses Ziel.
Und Gustav Adolf's Heldentod
Versetzt' ihn in die größte Noth.
Nun schwand der letzte Hoffnungsschimmer
Und Friedrich fühlte, daß er nimmer
Sein liebes Heidelberg sollt' seh'n,
Daß Alles würd' verloren geh'n.
Der Gram zernagte ihm das Herz.
Noch blutete der andere Schmerz,
Daß er den theuern Sohn verloren,
Der ihm als Erbprinz war geboren,
So daß er ward gefährlich krank
Und bald in Todes Arme sank.
Fern von den Seinen, ganz allein,
Ging er in's bessere Leben ein.*)
Kaum waren seine Augen zu,
Ließ man der Leiche keine Ruh,
Denn als sein sterbend Auge brach,
Die Acht noch immer auf ihm lag.
Nicht ruhen durft' in deutscher Erd'
Wer mit der Reichsacht war beschwert.
Geflüchtet ward er, dann zuletzt
In fremder Erde beigesetzt.**)
So endete ein junges Leben
Dem härt'sten Schicksal preisgegeben,
Das für den übereilten Schritt***)
Die schwersten Schicksalsschläge litt.

---

*) Er starb zu Mainz am 29. November 1632, dreizehn Tage nach Gustav Adolf, erst 36 Jahre alt.
**) Sein Leichnam ward in Metz beigesetzt.
***) Für die Annahme der böhmischen Königskrone.

Karl Ludwig, von 1632 bis 1680.

Die Pfalz war nunmehr herrenlos,
Die Noth in Heidelberg war groß.
Doch nahten auch die Schweden schon,
Die Dränger machten sich davon.
Das off'ne Heidelberg ward jetzt
Von schweb'schen Truppen stark besetzt. 1633,
Das Schloß, zum Widerstand bereit, 5. Mai.
Hielt sich jedoch noch kurze Zeit;
Doch bald erstürmt's ein junger Held
Prinz Christian von Birkenfeld.
Die Kaiserlichen zogen weg
Frei mit den Waffen und Gepäck.
Nun rückt' auch Ludwig Philipp*) ein:
Er sollt' Administrator sein,
Bis Friedrich's Sohn, noch minorenn,
Die Kurwürd' selber einst gewänn'.
Die Pfalz ward nunmehr restaurirt,
Die Kirche wieder reformirt.
Die hohe Schul', die neu erwacht',
Ward in ihr alt Geleis gebracht.
Da wendet plötzlich sich das Glück,
Die Bayern kehren bald zurück.
Bei Nördlingen auf's Haupt geschlagen, 1634,
Kann Schweden weiter nichts mehr wagen, 6. Septbr.
Das Heer, gelöst in wilder Flucht,
Am Rhein die letzte Rettung sucht.
Nicht Schutz gewährt es nun als Freund,
Es hauste schlimmer als der Feind.
Schon rückten auch die Bayern nach,
Ein Streifcorps in die Vorstadt brach.

---

*) Oheim Karl Ludwigs, Bruder Friedrichs V., Pfalzgraf zu
Simmern, hatte auch sein Erbtheil verloren und mußte seit 1622 be-
sitzlos umherirren.

Die Bürger flüchteten auf's Schloß,
Die Stabt stand jeder Plünd'rung bloß.
Zur Hilf' rief man Franzosen her,
Die boten auch nicht viel Gewähr;
Sie trieben zwar die Feinde aus,
Verschonten aber selbst kein Haus.
Entsetzet ward nun zwar das Schloß,
Doch war das Elend schrecklich groß.
Sie zogen auch bald wieder fort,
Denn Gallas nahte sich dem Ort,
Besetzte drauf die Stabt alsbald
Und machte vor dem Schlosse Halt.
Hier zog auch bald die Garnison   1633,
Mit Abel Moba*) selbst davon.   27. Juli.

Gar schrecklich ist des Krieges Plage,
Wenn sie sich hinzieht Jahr und Tage;
Wo Mord und Plünd'rung zuchtlos wüthet,
Wo Haß die größten Martern brütet,
Da ist das Maaß des Elends voll.
Die Pfalz glich einer Wüste wohl.
Gelöset waren alle Bande
Der Sittlichkeit in diesem Lande,
Gehorsam, Fleiß und Häuslichkeit
Verdrängt durch rohe Grausamkeit.
Verwahrlost ward ein ganz Geschlecht,
Kaum wußt' man noch was gut, was recht;
Und Hungersnoth und schlimme Pest,
Zerstörten noch den letzten Rest.
Ja! Leichen waren Leckerbissen,
Um die die Hungernden sich rissen.
Die Wölfe kamen heerdenweis,
Der Tod gab ihnen reiche Speis'.
Die schöne Pfalz, vormals so reich,
Sah einem öden Kirchhof gleich.

---

*) Commandant des Heidelberger Schlosses.

Noch lange Jahre dehnte sich
Der schlimme dreißigjähr'ge Krieg.
Noch immer lagen unsrer Pfalz
Die fremden Truppen auf dem Hals.
Doch endlich gab der Kaiser nach,
Da Schweden nun entschiedner sprach,*)
Und durch den Osnabrücker Frieden**)   1648.
Ward ihr ein besser Loos beschieden.
Sie fiel an ihren Herrn zurück,
Doch Bayern nahm davon ein Stück.
Die achte Kur ward neu kreirt,
Und damit nun die Pfalz geziert.
Karl Ludwig war in Engelland,
Als ihm der Frieden ward bekannt.
Es fiel daselbst nach kurzer Frist   1649,
Sein Oheim ***) auf dem Blutgerüst.   30. Januar.
Nun eilt der Kurfürst ohne Ruh'
Der väterlichen Heimath zu,
Die er als Kind schon hatt' verlassen,
Um selbst das Scepter zu erfassen.
Entlang des Neckars Schlangenbahn
Zog er von Mosbach nun heran.****)
Und wo zuvor ein blühend Land, —
Nur öde Wildniß er jetzt fand.
So weit auch da sein Auge schaut',
Die Felder lagen ungebaut,
Die Weinberg standen öde da,
Statt Dörfer man nur Hütten sah.
In Trümmern theils lag Heidelberg;
Das war des Krieges traurig Werk,

---

*) Am 27. März 1647 trat der schwedische Gesandte noch einmal mit der Forderung einer unbedingten Restitution der untern und der obern halben Pfalz hervor. (Häußer, Gesch. d. R. Pf. II. S. 575).
**) Der westphälische Frieden, geschlossen zu Münster und Osnabrück den 24. Oktober 1648.
***) Der König Karl Stuart.
****) Am 7. Oktober zog er in Heidelberg ein.

Und seiner Ahnen ruhmvoll Schloß
Bot jetzt kein wohnliches Geschoß.
Die Aufgab', wahrlich! war nicht klein;
Da mußte rasch gehandelt sein.
Wer seine Wohnung reparirt',
Wer neue Häuser aufgeführt,
Erhielt die nöth'ge Hilf dabei
Und blieb zeitweise steuerfrei.
Auch die Vertrieb'nen kamen wieder
Und ließen sich von neuem nieder;
Sie brachten Fleiß und Wohlstand mit
Und Segen folgte ihrem Schritt.
In Glaubenssachen tolerant,
Karl Ludwig reichet seine Hand
Gern Jedem, der durch regen Fleiß
Des Landes Wohl zu fördern weiß.
So blüht' empor das Pfälzer Land;
Ein Dorf um's andere neu erstand,
Und die Natur mit ihrem Segen
Befördert fleiß'ger Hände Regen.

Mit Habsburg's strengem Kaiserhaus
Karl Ludwig söhnt sich wieder aus.
Auch für die Kirche sorget er
Und stellt die „Ordnung" wieder her.
Sie blieb zwar jetzt auch reformirt,
Doch wurden And're tolerirt.
Auch Schulen waren neu erstanden,
Die leider wenig Lehrer fanden.
Viel besser ging's der Hochschul' hier,
Sie blüht' empor mit neuer Zier.
Es weht' in ihr ein freier Geist,
Der ihr ein gut Gedeih'n verheißt.
Der Lehrer wurden viel berufen,
Die bald ein reges Leben schufen;
Studenten stellten auch sich ein,
Um sich der Wissenschaft zu weih'n.

Die Büchersammlung ward erneut,
Der Kurfürst keine Kosten scheut,
Obschon er selber lebt beschränkt
Und seinen Hofstaat sehr beengt.
Ganz anders sieht es freilich aus,
Wenn wir beseh'n sein eignes Haus.
Karl Ludwig hatte sich vermählt;
Doch wo zum Bund die Liebe fehlt,
Da kann der Frieden nicht erblüh'n,
Das Glück wird aus der Eh' entflieh'n.
Die Kurfürstin*) schön von Gestalt,
War herrisch, stolz und dabei kalt;
Es fehlt' ihr edle Weiblichkeit,
So war sie bald mit ihm entzweit.
Den Fürsten füllte dies mit Schmerz,
Denn er besaß ein fühlend Herz,
Drum wandt' er sich bald von ihr ab,
Die Lieb' er einer andern gab.
Es war die Gräfin Degenfeld,**)
Die ihm vor Allen wohlgefällt.
Sie war der Fürstin Hoffräulein
Und soll sehr schön gewesen sein,
Geschmückt mit jedem Reiz der Jugend
Und reich an Geist, von reiner Tugend.
Auch sie, erfüllt von sanftem Trieb,
Erwiedert heimlich seine Lieb'.
Als dies der Fürstin ward bekannt,
Ein jäher Zorn in ihr entbrannt';
Die Gräfin sollt' es bitter büßen:
Sie wollt' dieselbe stracks erschießen.
Schon legte das Pistol sie an,
Da ward ihr Einhalt noch gethan,
Sonst hätte sie, um sich zu rächen,
Im Zorn vollbracht ein schwer Verbrechen.

---
*) Die Landgräfin Charlotte von Hessen-Kassel.
**) Die Raugräfin, Luise von Degenfeld, aus einer schwäbischen Adelsfamilie.

Der Kurfürst bracht' die Gräfin fort,
Nach Schwetzingen, an sichern Ort.
Hierdurch das letzte Band noch brach,
Es folgte bald die Scheidung nach,
Worauf der Fürst sich neu vermählt
Mit der geliebten Degenfeld.
Dann kehrte Fried' und Ruh' zurück,
Und sie genossen reines Glück.

Obschon das Licht zu jener Zeit
Theilweise hatt' die Nacht zerstreut,
Erblickt' doch damals in Kometen
Der Aberglaub' Unglücksprospheten:
Es sollt' des Unglücks viel geschehen,
Sobald ein solcher ward gesehen.
Nun stiegen mehrere sogar
Am Himmel auf im gleichen Jahr,   1664.
Die bei den abergläub'schen Leuten
Viel Angst und Schrecken weit verbreiten.
Man schrieb darüber ein Gedicht',
Das gibt davon uns klares Licht:
„Kometen waren jeder Zeiten
„Zorn-Boten Gottes, und bedeuten
„Wind, Theurung, Pest, Krieg, Wassernoth,
„Erdbeben, Aend'rung,*) Fürstentod.
„Sollt aber drum der Fromm' verzagen?
„Nein, sondern mit Vertrauen sagen:
„Wann Erd und Himmel brechen ein,
„Wird Gott mein Port und Anker sein.**)
Zum Glück fand diese Weissagung
Sobald nicht die Verwirklichung.
Es dauerte noch manches Jahr,   1673.
Eh' jene Furcht erfüllet war. —

---

*) Revolution.
**) S. Anhorn's Zorn-Zeichen Gottes, pag. 565. Vergleiche auch Kaiser, Schauplatz, Seite 470.

Nun aber ward das Land bedroht,
Mit neuer Plag und Kriegesnoth,
Denn Frankreich sandte seine Horden,
Die plünderten an allen Orten.
Der Krieg zunächst dem Kaiser galt,
Doch ward auch Pfalz verwickelt bald.
Auch Heidelberg war selbst bedroht,
Daher die Klugheit nun gebot,
Daß sich der Kurfürst mit dem Stab
Nach Mannheim in die „Burg" begab.
Doch fing er schon zu kränkeln an,
Und Mannheims Luft stand ihm nicht an.
So ließ man einen Sessel machen,
Nach Heidelberg zurück ihn tragen,
Doch auf dem Wege unverweilt
Ward er vom Tode schon ereilt.*)

Wenn wir den Schritt zum Schlosse lenken,
So steht allda ein Angedenken,
Das dieser Fürst einst ausgeführt,
Und das noch heut' bewundert wird:
Das große Faß, das man da zeigt,
Von keinem andern je erreicht.
Man hat darauf die Vers gefunden,
Die jetzt die Sache noch bekunden:**)

„Als tausend und fünfhundert Jahr***)
Und neunzig eins die Jahrszahl war,
Da Fürst Johannes Casimir****)
War dieses Landes Schutz und Zier,

Ward hier ein großes Faß erbaut,
Und als ein Wunder angeschaut,

---

*) In Edingen, am 28. August 1680, „in eines Bauern Garten" wie Kayser sagt. (Seite 477).
**) Vergleiche Kaiser Schauplatz. S. 28.
***) Die folgenden acht Verse stehen auf der vordern Seite.
****) Siehe oben Seite 63.

Desgleichen zu derselben Zeit
War keines in der Christenheit.

Nach dem hatt' man auch in dem Reich
Berühmte Fässer, unserm gleich,
Als man der Sache nachgedacht,
Und etwa größer aufgemacht.

Das große Faß.

Hernach das Faß viel Jahre stund,
Daß man es nicht mehr brauchen kunt,
Hielt weder Wasser, Bier noch Wein,
Lag in dem Keller nur zum Schein.

Karl Ludwig, Churfürst hochgeboren,
Des Landes Trost von Gott erkor'n,
Bracht in die Pfalz nach vielem Leid
Den Segen, Ruh und Sicherheit.

Was Feindeshand, was Schwert verheert,
Was Kriegesfeuer hat verzehrt,

In diesem Lande Schloß und Stadt
Der fromme Fürst erneuert hat.

Auf dessen Willen und Geheiß,
Daß Heidelberg erhielt den Preis —
Ward dieses Faß so ausgeführt
Und wie man's siehet, ausgeziert.

Gott segne diese Pfalz bei Rhein
Von Jahr zu Jahr mit gutem Wein,
Daß dieses Faß und andre mehr
Nicht wie das alte werde leer!"

―――――

„Der Wein erquicket Jung und Alten*)
Und wird darunten aufbehalten;
Er gibt dem Landsknecht Heldenmuth,
Daß er frisch waget Leib und Blut.

Wann Jörg von Frundsberg**) leben sollte,
Und seinen Knechten geben wollte
Gewehr und Harnisch; glaubet das,
Sein Zeughaus wäre dieses Faß.

Man untersteht sich vieler Sachen
Und will, was gut ist, besser machen;
Wer aber übertreffen wollt'
Dies Faß, sich wohl besinnen sollt'.

In diesem Faß sind eingeschlossen
Viel schöner Sprüch', auch Schimpf und Possen,
Nach dem in seinem Hirn der Mann,
Der trinkt, die Wein' vertragen kann.

―――――

*) Diese folgenden acht Verse standen auf der hintern Seite des Fasses.

**) Georg von Frundsberg († 1528) gehörte zu den tapfersten deutschen Rittern seiner Zeit. Er zog u. a. mit Max. I. gegen Venedig. Sein ritterliches Sprichwort war: „Viel Feind, viel Ehr".

Wir können vieler Ding' entbehren,
Auch dies und jenes nicht begehren;
Doch werden wenig Männer sein,
Die Weiber hassen und den Wein.

Der Wein uns fremde Sprachen lehret,
Den Blöden Herz und Muth vermehret;
Berauscht man sich, so werden gleich
Der Knecht ein Herr, der Bettler reich.

Der Wein und Gold sind hochgeachtet;
Ein jeder Mann nach beiden trachtet,
D e r Mann bestehet in der Welt,
Der mäßig brauchet Wein und Geld.

Man brauet Bier im Land zu Meißen,
In Sachsen, Pommern, Holland, Preußen:
Gottlob! die edle Pfalz am Rhein
Gibt uns und ihnen guten Wein."

Dicht neben diesem Riesenwerk,
Da steht als Bild ein kleiner Zwerg,
Perkeo ward er nur genannt,
Und stammt' aus dem Tyroler Land.
Er war des Hofes Possenreißer
Und listig wie ein Dudelmäuser;
An Jedem setzt' er gern was aus,
Und schalt die Höfling' wacker aus.
Sein Witz war freilich nicht sehr fein,
Wohl lächerlich, doch oft gemein.
Er diente einem muntern Fürsten,[*]
Der ließ den Narren gar nicht bürsten,
Umsonst war er nicht in der Pfalz,
Da brach er mancher Flasch' den Hals.
Denn dreißig Schoppen er verschlang
An jedem Tag sein Leben lang.

---

[*] Dem Kurfürsten K a r l P h i l i p p.

Sein liebster Gang, — das ist nun klar,
Zum großen Faß im Keller war —
So lang es nämlich war gefüllt —
Allwo er seinen Durst gestillt.
Sein Antlitz war drum feuerroth,
Und bald ereilte ihn der Tod.
So ward sein Bild für alle Welt
Als Seltenheit zum Faß gestellt.

Kurfürst Karl, von 1680 bis 1685.

Dem Vater folgte auf dem Thron
Der „fromme Karl", sein ält'ster Sohn,
Der war in Studien sehr gelehrt,
Was er auch durch ein Werk bewährt.*)
Als Kurprinz war er schon vermählt,   1671.
Hatt' eine Dänin**) sich erwählt.
Doch hielt auch dieses Eheband
Nicht lange glücklichen Bestand.
Sie war zu stolz auf ihren Namen
Und paßte nicht mit ihm zusammen.
Sie liebt zu sehr die Einsamkeit,
Der Kurfürst aber Scherz und Freud';
Da er am Körper schwächlich war,
That ihm Zerstreuung nöthig gar.
Verschiedenheit der Charaktere,
Ließ Beide fühlen eine Leere;
Sie mieden sich mit allem Fleiß
Und kränkten sich auf alle Weis'.
Beneidenswerth war nicht sein Loos
Und seine Thätigkeit nicht groß.
Im Calvinismus aufgezogen,
Fand er sich darum auch bewogen,

---

*) Er verfaßte: Philothei Symbola christiana. Francof. 1672.
**) Die dänische Prinzessin Wilhelmine Ernestine, Tochter des Königs Friedrich III.

Die Pfälzer Kirch' zu reformiren,
Zum alten Fuß zurückzuführen.
Karl Ludwig's freier Geist verschwand,
Engherz'ger Glaube neu erstand.
Zwar nahm er wohl die Reformirten,
Von Frankreichs Boden Exilirten,
Auf ihrem schwer verfolgten Lauf
In seinem Lande freundlich auf;
Dagegen bracht's ihm keinen Ruhm,
Daß er das alte Lutberthum
In seinem Gottesdienst beschränkt
Und ihre Pred'ger schwer bedrängt.

Der Kurfürst war ein schwacher Mann,
Vertraut sich schlechten Räthen an;
Zum Staatsgeschäft nicht eingeweiht,
Fehlt ihm dazu die Freudigkeit.
Die Räthe fragten Nichts nach Recht,
Regierten für ihn herzlich schlecht.
Auch ward der Staatsschatz bald geleert,
Vom üpp'gen Hofe aufgezehrt.
Komödien und and're Spiele
Der Lustbarkeit gab's immer viele.
Die Kriecherei zu Tage bricht,
An Schmeichlern fehlt es wahrlich nicht;
Dies zeigt am besten ein Poet
Der theolog'schen Fakultät.
Die Dichtung, die uns aufbewahrt,*)
Zeigt deutlich die verdorbene Art.

„Zwar hat das Pfälzerhaus noch niemals leer gestanden
Von Helden, deren Ruhm die Sterne übersteigt,
Von deren Trefflichkeit noch Zeichen gnug vorhanden,
Da auch die Fama selbst hierzu nicht stille schweigt.
Doch will für dieses Mal die Pflicht von uns begehren,
Nur bir, hochtheurer Karl, zu widmen Herz und Mund.

---
*) Zu seinem Geburtstag, ursprünglich lateinisch. Vergleiche Kayser, Seite 481.

Indem wir feierlichst den hohen Tag beehren,
An welchem Du zuerst der Welt bist worden kund;
Und weil mir denn das Glück die Hände so gebunden,
Daß ich von solcher Art Nichts überreichen kann,
Als man vor dieser Zeit im Tajo-Fluß gefunden,
So gibt nur dieser Wunsch sich statt des Opfers an.

Laß theurer Landesfürst uns unter Dir erleben,
Daß reiner Gottesdienst im steten Flore sei,
Und kann der Kirchenbau den Ländern Wohlstand geben,
So bringe diesen Ruhm auch Deinem Lande bei.
Gib, daß die Musen sich auch unter Dir erfreuen,
Räum' ihnen einen Platz zu ihrem Wesen ein.
Laß Pindus und Parnaß in Deinem Land erneuen,
So wird dann ihre Zahl bald unvergleichlich sein.

Vor Silb und Nord hast Du Dich nicht zu scheuen,
Und wenn der Löwe brüllt, erblassest Du doch nicht,
Dein sündenfreier Geist heißt sich in Dir erfreuen,
Indem er Dir den Lohn der Reinigkeit verspricht.
Ja selbst Dein bester Theil wird himmelan sich kehren
Und in der Sterne Reich ein sel'ger Erbe sein.
Indessen müsse sich Dein großer Ruhm vermehren,
Tritt mit beherztem Muth nur in die Tapfen ein,
Die Deine Eltern Dir vor langer Zeit gelassen,
Und setze nimmermehr von ihren Thaten ab.
Sei vielmehr höchst bemüht, die Sterne zu umfassen,
So nimmst Du Deinen Ruf nicht mit Dir in das Grab.
Der Pfälzer Helden-Glanz, den sie durch große Thaten,
Durch Gottesfurcht, Verdienst und hohe Würd' erlangt,
Wird Dir auf solche Art in höherm Grad gerathen,
Bis endlich Deine Stirn mit Himmelskrone prangt."

    Fünf Jahr' nur waren ihm vergönnt,
    Da fand er schon ein frühes End'.
    Ein schweres Fieber warf ihn nieder,
    Auszehrung schwächt' die matten Glieder.
    Als er schon nah am Tode lag,
    Schloß er noch einen Erbvertrag,

Woburch die Pfalz an Neuburg kam,
Ein Sproß von Pfalzgraf Stephan's Stamm,*)
Es ward dabei in rechter Art
Der Reformirten Recht gewahrt,
Doch unterzeichnet' Karl nicht mehr,
Ein Umstand schlimm und folgenschwer,
Für spät're Zeit ein schwer Gericht;
Wer Schuld daran — man weiß es nicht.**)

Kurfürst Philipp Wilhelm von 1685 bis 1690.

Besorgniß zeigte sich im Land,
Als dieser Wechsel ward bekannt.
Er wolle, hieß es, ihrem Glauben
Die alt-verbrieften Rechte rauben,
Weil er, katholisch auferzogen,
Den Jesuiten war gewogen.
Doch Philipp Wilhelm that dies nicht;
Erkennend seine Erbschaftspflicht,
Wollt' er sein Wort getreulich halten:
„Im Lande sollte Frieden walten,
„Und jede einz'le Confession
„Frei üben ihre Religion."
Er hielt auch kräftig dieses Wort,
So lang er wohnte hier am Ort.

---

*) Die Nachkommen Pfalzgraf Stephan's hatten sich in eine „simmerische" und eine „zweibrückische" Linie getheilt. Von letzterer war der ältere Zweig mit Philipp Ludwig nach Neuburg übergesiedelt, dessen Sohn war Wolfgang Wilhelm gewesen, der während des 30jährigen Krieges katholisch geworden war. Sein Sohn, Philipp Wilhelm, wurde nun Karls Nachfolger und Kurfürst von der Pfalz. Siehe Häusser II. B. S. 709.

**) Einige Geschichtschreiber geben einem der damaligen Minister, Geh. Rath Langbanns, die Schuld.

Doch als der neue Krieg entbrannt,
Verließ er gleich dies Pfälzerland
Und zog nach Neuburg sich zurück,
Wo er verlebt der Jugend Glück.
Dann freilich galt nicht mehr das Recht,
Die Jesuiten hausten schlecht.

Der Frankenkönig Ludewig.

Der Vierzehnte — so nannt' er sich —
Verlangt als Charlott's Erbantheil,*)
Daß man mit ihm die Pfalz vertheil'.
Und als es ihm verweigert ward,
Bedroht er Philipp Wilhelm hart.
Ein Heer schon nähert sich dem Rhein
Und brach in Deutschlands Grenzen ein.
Auch Heidelberg ward bald besetzt;
Doch „sollte Alles unverletzt
Und Recht und Freiheit sicher bleiben" —
So ließ man der Regierung schreiben.
Der Dauphin war kein Mann von Wort,
Denn kaum war aus der Stadt er fort,
So fing gleich die Bedrückung an,
Man übt' Erpressung und Chikan'.
Nun wurde zwar Europa wach,
Allein das Bündniß war nur schwach.
Doch dies verdroß den Frankenkönig,
Er achtet ihrer Drohung wenig,
Antwortet nur mit Spott und Hohn:
„Die Pfalz hab' dafür ihren Lohn,
„Schwert, Mord und Brand werd' ihr gebracht,
„Zur Einöd' werde sie gemacht."

---

*) Elisabeth Charlotte, Tochter des Kurfürsten Karl Ludwig war 1671 an den Herzog von Orleans, Bruder des Königs von Frankreich, vermählt und hatte einige Erbansprüche an die Hinterlassenschaft ihres Bruders, des Kurfürsten Karl.

Ein König, der den Krieg beschließt,
Doch auch im Krieg noch menschlich ist,
Der redlich kämpft für Mein und Dein,
Dem mag die Nachwelt wohl verzeih'n;
Doch wer aus Rache Krieg beschließt,
Wer grausam und unmenschlich ist,
Und wer gleich einem Räuber wüthet,
Aus Zorn nur Mord und Brand gebietet,
Der bleibt gebrandmarkt allezeit
Und der Verachtung stets geweiht!
Kaum fing der neue Jahrgang an,*)
Als die Zerstörungswuth begann,
Weinberg und Gärten zu verheeren
Und Städt' und Dörfer zu zerstören.
Des Schlosses Inn're ward versengt,
Die Thürme in die Luft gesprengt.
Dahin, wo blühn'de Dörfer waren,
Entsandte Melac seine Schaaren,
Wie Hundemeuten aus zur Jagd,
Bis die Zerstörung war vollbracht.
Wer in den Weg kam, war verloren,**)
Selbst Frauen, die erst kaum geboren,
Und Kinder in der Unschuld Kleid
Verfielen ihrer Grausamkeit.
Nicht schützt den Greis sein weißes Haar,
Sie waren alles Mitleids baar.
Noch war bis jetzt die Stadt verschont,
Weil Melac selber drinnen wohnt;
Doch eh' man ward die Dränger los,
Traf Heidelberg auch gleiches Loos.
Als schon die deutschen Truppen nahten,
Durchzogen wüthend es Soldaten

---

*) 1689 am 18. Januar.

**) Am 3. Februar wurden zwischen Neuenheim und Possenheim nicht weniger als 52 Leichen auf einmal begraben. Siehe Häusser II. Seite 776.

Und warfen Brandesfackeln aus.
In Flammen stand schon manches Haus;
Vom Rathhaus schlug die helle Flamm',
Als Melac selbst geritten kam,
Und sah mit Lust, in aller Ruh'
Dem Schreckensbild des Jammers zu.
Der Magistrat fiel ihm zu Füßen.
Er wies sie ab: „Ihr müßt es büßen,
So sagt' er ihnen unverholen, —
Der König hat es streng befohlen."
Doch zeigten manche seiner Leut'
Erbarmen auch und Menschlichkeit.
So kam es, daß vor Brandesstätten
Man konnt' die halbe Stadt erretten.
Noch schlimmer ging's in Mannheim her:
Von ihm verblieb auch gar nichts mehr,
Kein Haus noch Kirche stand mehr da,
Nur Haufen Steine man hier sah:
Wo erst der Wohlstand schön erblüht'
Man kaum noch wen'ge Bettler sieht.

So wüthet längs des Rheines hin
Des „frommen" Königs harter Sinn.
Wer wollt' die Dörfer alle zählen,
Die sich darnach im Elend quälen?
Wer konnt' die Thränen alle stillen,
Die vieler Tausend Augen füllen,
Die Klagen, die zum Himmel stiegen,
Und mit dem Tode erst versiegen?
Geschichte ist das Weltgericht,
Das jedem Fürst sein Urtheil spricht.
Sie schrieb mit unlöschbaren Zügen
Auf ihre Blätter, die nie trügen:
Frankreichs Vierzehnter Ludwig war
Sammt seinem Melac ein Barbar.

Ein Jahr nach dieser Schreckenszeit,
Ging Philipp*) ein zur Ewigkeit.
Als alter Mann zog er nach Wien
Zur Krönung Kaiser Joseph's hin.
Doch hier ereilte ihn der Tod,
Der seinem Leben Halt gebot.
Ihm war das bitt're Loos beschieden,
Das manchen Fürsten trifft hienieden:
Das Gute konnt' er nicht vollenden,
Und auch das Schlimme nicht abwenden.
Lebt' er zu einer andern Zeit,
So segnet' man vielleicht ihn heut'.

Kurfürst Johann Wilhelm von 1690 bis 1716.

Als Johann Wilhelm hierher kam
Und von dem Erbtheil Einsicht nahm,
Und Alles noch in Trümmern fand,
Verließ er bald das Pfälzer Land.
Noch ward an Frieden nicht gedacht,
Der Feind' auf's Neue Einfäll' macht.
In Heidelberg als Commandant
Ward Georg von Heidersdorf ernannt.
Man wirft mit Recht ihm Feigheit vor:
Er sorgte für sich selbst zuvor.
Da Mancher räumte schnell das Feld,
Verkauft' er Päss' für theures Geld
Und schafft sein eigenes Gepäck
Schon früh an sichern Ort hinweg.
Kaum rückt der Feind ein wenig vor,
Da räumt er schon das Klingenthor,
Und um ihn sichtbarlich zu schonen,
Vernagelt selbst er die Kanonen.

---

*) Der Kurfürst Philipp Wilhelm war 75 Jahre alt, als er nach Wien reiste, wo er am 2. September 1690 starb.

Die Bürger wehrten tapfer sich,
Doch ließ er sie bald ganz im Stich,
Und zog im schwersten Augenblick
Sich rasch auf's sichere Schloß zurück.
Was half da alle Gegenwehr?
Er lockt' die Feinde selber her.
Die Thore waren preisgegeben,
Das kostet' viele Menschenleben.
Was fliehen konnte, schnell entwich
Und drängt hinauf zum Schlosse sich.
Die Stadt ward ohn' Verzug besetzt,
Soldaten auf die Meng' gehetzt,
Das Plündern, Brennen, Morden, Schänden —
Man glaubt es wolle nimmer enden.
Das Feuer zeigt in Flammenschrift,
Daß wiederum die Rach' sie trifft;
Die arme Stadt zum zweiten Mal
Fühlt König Ludwig's Rachestrahl.
Was noch der Mörder Wuth entging,
In Haufen man zusammenfing
Und sperrt' sie in die Kirche ein,
Bedroht sie da mit Todespein.
Dann steckte man die Kirch' in Brand,
Und erst als Manche halb verbrannt,
Vom Rauch erstickt ein großer Hauf',
Da machte man die Thüren auf.
Die Stätten selbst, wo Ruhe wohnt,
Die Gräber wurden nicht verschont,
Die Grüfte wurden aufgerissen,
Die Leichnam' auf die Straß' geschmissen,
Zerschlagen selbst der feste Sarg,
Der König Ruprechts Asche barg.
Man trieb noch mit den Heil'gen Spott
Und höhnte selbst im Tempel Gott.

So fiel in lichter Flammengluth
Die Stadt als Opfer blinder Wuth.

Ein einzig Haus blieb ganz verschont,
Worin de Chamilly*) gewohnt,
Und wo sein Generalstab lag,
In dessen vorderm Giebeldach
Der Frankenkön'ge Bild**) man schaut,
Weil ein Franzos***) es einst gebaut.
Noch heute steht's in alter Pracht,
Zum „Rittergasthof" nun gemacht,
Im alten Baustil aufgeführt,
Mit gold'ner Inschrift reich verziert.
Was sonst das Feuer nicht verheert,
War beinah' kaum mehr nennenswerth.
„Es war nun leer gebrannt die Stätte,
„Der wilden Stürme raubes Bette,
„Des Himmels Wolken konnten schauen
„Hinein in's düstre, öde Grauen."

Das Schloß, das noch beschädigt lag,
Ergab sich schon am andern Tag.
Von Heidersdorf, der Gouverneur,
Zog ab ohn' alle Kriegesehr',
Doch ward ihm der verdiente Lohn:
Man stellt im Lager zu Heilbronn
Ihn vor ein strenges Kriegsgericht,
Das ihm das Todesurtheil spricht.
Der Kaiser schenkt ihm zwar das Leben,
Doch ließ er ihn der Würd' entheben;
Dann ward er noch des Land's verwiesen
Und mußt' so für die Untreu' büßen.
Denn Untreu' war es immerhin,
Wenn auch Verrath nicht lag im Sinn.

---

*) Der französische Oberbefehlshaber.
**) Es sind die Bildnisse von Theodorich, König von Metz oder Austrasien, Cheribert, Königs von Paris, Childebert, Königs von Burgund und Orleans und Chilperich, König von Soissons.
***) Ein geflohener Hugenotte Charles Béller (Widder).

So war denn Heidelberg vernichtet.
Fast hätte man darauf verzichtet,
Dasselbe wieder aufzubauen,
Es fehlte jegliches Vertrauen.
Geraubt, zerstört war alle Habe;
Wer lebte, war am Bettelstabe.
Der Kurfürst selber hielt sich fern
Und sah die öde Pfalz nicht gern;
Er wohnt zu Düsseldorf am Rhein.
Denn „Berg und Jülich" waren sein.
Auch sah'n voraus die Calvinisten,
Daß sie Bedrückung leiden müßten.
Doch kehrte mancher Flücht'ge wieder
Und ließ sich in den Trümmern nieder.
Sie fanden gegen Näss' und Stürm'
In Kellern und Gewölben Schirm,
Und schafften sich mit Müh' und Noth
Zum Unterhalt ihr täglich Brod.
Am Schloßberg standen arme Hütten,
Die von dem Brande nicht gelitten;
Da wurden Manche, die entkommen,
In ihrer Nothdurft aufgenommen.
Auch in der Vorstadt hier und da
Man noch ein Haus bewohnbar sah.
Doch Heidelberg erhob sich neu,
Der Kurfürst trug auch Manches bei:
Die Stadt ward zum Asyl erklärt
Und Steuerfreiheit lang gewährt.
Allmälig Schutt und Trümmer schwanden
Und neue Straßen bald erstanden.
Ein neues Rathhaus, neue Thor',
Ein Hochschul-Bau hob sich empor.
Die Professoren kamen wieder,
Es ließen Handwerksleut' sich nieder.
So nahm auch die Bevölkerung zu,
Denn Frieden sicherte nun Ruh'.
Viel Mönche zogen mit herein

Und nahmen Kirch' und Klöster ein.
Die Protestanten da verloren
Viel Gut und Rechte, einst beschworen.
Der Kurfürst selbst, zwar tolerant,
Ließ Andern zu viel freie Hand,
Die, statt Verträge treu zu halten,
Nur mit Gewalt und Willkühr schalten.
Auf Preußens Vorstellungen setzt
Der Kurfürst dem ein Ziel zuletzt.
Es kam nun ein Vergleich zu Stand,
Als „Declaratio" wohl bekannt,
Der, wohlgemeint zwar, leider schnell
Zu neuem Streit ward eine Quell'.
Die Luth'rischen und Reformirten
Noch stets den alten Haber führten,
Und während sich in früh'rer Zeit
Um Glaubensformen dreht der Streit,
So stritten jetzt die Christenbrüder
Um ird'sche Hab' und Kirchengüter.
Auch setzten nunmehr Mönchesorden
Sich fest in vielen Pfälzer Orten.
Hier selber gab's Dominikaner,
Auch Kapuziner, Franziskaner,
Selbst Nonnenklöster, Karmeliten,
Zu Neuburg wohnten Jesuiten,
Die bald auch an der Hochschul' lehrten,
So sehr die Andern sich auch wehrten.
Obschon auch neue Lehrer kamen,
Darunter sehr berühmte Namen,
So wollt' zur Zeit es nicht gelingen,
Die hohe Schul' zur Blüth' zu bringen.
Darüber starb der Kurfürst bald,
War acht und fünfzig Jahre alt,
Noch eh' die Pfalz ganz restaurirt,
Nachdem er sechzehn Jahr' regiert.
Der Kurfürst liebte Glanz und Pracht,
Sein Hauptvergnügen war die Jagd;

Doch auch die schönen Künste fanden
Beförd'rung unter seinen Händen.
Berühmt war seine Gallerie,*)
Die seinem Hofe Ruhm verlieh,
Die bald nach ihm nach Mannheim kam,
Und dann den Weg nach München nahm.

Kurfürst Karl Philipp von 1716 bis 1742.

Dem vierten Bruder fiel das Loos,
Weil Johann Wilhelm kinderlos,
Den Pfälzerthron nun zu besteigen
Und als Regenten sich zu zeigen.
Karl Philipp war zwar Theolog,
Doch lieber er zu Felde zog.
Im Türkenkriege kämpft' er mit, —
Das macht des Priestereibs ihn quitt —
Ward kaiserlicher Feldmarschall,
Statthalter von Tirol zumal.
So hat der Kaiser ihn geehrt,
Da er als Vetter hielt ihn werth.

Als ihm die Pfalz war zugefallen,
Beeilte er sich nun vor allen,
Hier die Regierung zu bestellen
Und seine Räthe zu erwählen.
Von Innsbruck ordnet er dies an,
Und endlich kommt er selbst heran.
Des Fürsten weise Sparsamkeit
War Anfang einer bessern Zeit,
Er hob Accis und Stempel auf
Und ließ Reformen freien Lauf.
Im Volke herrschte große Freud',
Als man erfuhr, daß er bereit,

---
*) Zu Düsseldorf.

Die alte Zeit zurückzuführen,
Im hies'gen Schloß zu residiren.
Doch leider ward man bald gewahr,
Daß er beherrscht von Leuten war,
Die keinen Kirchenfrieden wollten
Und „Ketzern" wenig Achtung zollten.
Er war — katholisch auferzogen —
Den Reformirten nicht gewogen.
Er selbst wollt zwar den Streit vermeiden,
Doch ließ er sich zu leicht verleiten.
Ein schlimmer Kabinetsbeschluß   1719,
Erregte bitteren Verdruß.   24. April.
Der Katechismus, lang gewöhnt
In Kirch' und Schul', ward streng verpönt,
Und um ihn sicher zu bekommen,
Ward er gewaltsam weggenommen,
Weil drin sich eine Stelle fand,
Wo „Meß" Abgötterei genannt.
Der Kirchenrath sucht's mild zu deuten:
„Das Lehrbuch stamm' aus frühern Zeiten,
„Der Ausdruck sei nicht ihre Schuld" —
Und bat um Nachsicht und Geduld.

Vergebens waren alle Klagen,
Die man dem Fürsten vorgetragen.
Auch anderer Gewissenszwang
Stand damit im Zusammenhang;
Doch war's damit noch nicht genug:
Es folgte ein viel härt'rer Spruch.
Der Kurfürst alles Ernstes heischt
Die ganze Kirch' zum heil'gen Geist;
Den Katholiken war der Chor,
Die Scheidemauer stand davor.
Man wollte nun das ganze Haus
Und bot den Reformirten aus,
Die sollten nunmehr ohne Säumen
Das Schiff den Katholiken räumen.

Der Fürst versprach zwar Material
Zu einem anderen Lokal,
Und wollte sonst noch Manches schenken,
Wenn sie sich fügen ohn' Bedenken,
Doch wenn sie ihm entgegenstreben,
So würd' er ihnen gar nichts geben.
Der Kirchenrath konnt' dies Begehren
Dem Fürsten keinenfalls gewähren.
Ganz ehrfurchtsvoll erwidert er:
„Er thue dieses nimmermehr;
Die Kirch' gehöre der Gemeine,
Es hab' die Stadt ja nur die eine;
Sankt Peter in der Vorstadt liege,*)
Die auch für Alle nicht genüge."

Nun blieb kein Mittel als Gewalt,
Und dies erfolgte leider bald.
Man stellte rings Soldaten auf,
Erbrach die Kirchenthür' darauf,
Der Präsident schritt erst hinein,
Man riß die Scheidewand dann ein,
Und nahm so rasch als wie der Blitz
Vom ganzen Tempel selbst Besitz.
Wenn dies der Landesfürst befohlen,
Wo sollte man sich Hilfe holen?
Es rief der Kirchenrath alsdann
Die protestant'schen Fürsten an.
Bei Holland, England, Preußen, Schweden
Ward um energ'schen Schutz gebeten.
Der „evangelische Corpus"
Drauf faßte alsbald den Beschluß.
Mit Repressalien vorzurücken
Und die kathol'sche Kirch' zu drücken.
Der Kurfürst gab, dadurch beengt,
Von Diplomaten hart bedrängt, —

---

*) Die Providenzkirche war damals noch nicht gebaut.

Da er nicht Andern schaden mag —
Den Reformirten endlich nach.
Er leistet auf die Kirch' Verzicht,
Doch bauet er die Mauer nicht.
So hatten Katholiken auch
Die ganze Kirch' noch im Gebrauch.
Nun sollt sie Simultankirch' werden;
Das gab von Neuem nur Beschwerden,
Es schützten auch die fremden Mächt'
Der Reformirten gutes Recht.
Man fordert, daß die Scheidewand
Errichtet werde unverwandt. —
O hätten sie's doch nicht gethan!
Wie schön säh sich die Kirche an!
Das ungetheilte Gotteshaus,
Das nahm sich wahrlich prächtig aus;
Die Eintracht wär' vielleicht erschienen,
Um alte Zwietracht auszusühnen.
Wann wird die schöne Zeit einst kommen,
Wo alle Christen, alle Frommen
Zu einem Glauben sich bekehren,
In einem Tempel Gott verehren!
Wir glauben All' an Einen Gott,
An Einen Heiland, der den Tod
Für alle Menschen hat erlitten
Und uns die Seligkeit erstritten.
O daß doch bald erfüllet werde
Das Wort: Ein Hirt und Eine Heerde.

Den Kurfürst dieses so verdroß,
Daß er verließ der Ahnen Schloß,   1720,
Die Residenz in Mannheim nahm,   12. April.
Nach Heidelberg nie wieder kam.
Was man von seiner Drohung spricht,
Das glaube man doch wahrlich nicht;
Sie kam aus der Beamten Mund,
Die machten dann den Bürgern kund:

„Geschworen sei der Stadt Ruin,
„Es wachs' von nun an Gras darin."

So spann sich fort der „Kirchenstreit",
Bald eingestellt und bald erneut,
Die Mauer ward zwar aufgerichtet,
Doch sonst nicht aller Zwist geschlichtet,
Bis endlich dann der Kaiser schrieb:
„Daß Alles beim Normaljahr*) blieb'."
Dies brachte zwar ein wenig Ruh',
Doch kam noch manches Leid dazu.
Im spanischen Erbfolge-Krieg
Verwickelte auch Deutschland sich;
Franzosen kamen an den Rhein,
Des Kaisers Heer auch fand sich ein.
Zwar nahm der Kurfürst keinen Theil,
Und dies gereicht der Pfalz zum Heil;
Doch lagen Truppen lange hier
Mit Prinz Eugenius im Quartier.

Indeß war Habsburg ausgestorben,
Das viele Länder sich erworben;
Es griffen viele Prätendenten
Darnach mit erbe-gierigen Händen.
Der Fürst von Bayern stand voran,
Der zeitweis auch den Sieg gewann.
In diesem Kaiserthrones-Streit
War Pfalz auf seines Vetters Seit';
Auch Frankreich half dazu der Art,
So daß Karl Albrecht Kaiser ward.

———

Karl Philipp war ein feiner Mann,
Nahm Ludwig sich zum Vorbild an.
Am Hofe herrschte Glanz und Pracht;
Der Kurfürst liebte sehr die Jagd.

———

*) 1714, wodurch übrigens die Protestanten viel verloren.

Auch hatt' er gern Musik und Spiel,
Er gab der Feste' immer viel.
Man trieb den Hofstaat gar zu arg,
Verzehrte fast des Landes Mark.
Es war auch die Beamtenzahl
Im Ueberflusse dazumal;
Dazu noch der Kanzlisten Schaar,
Die sich vermehrt' von Jahr zu Jahr.
Die Stellen erbten sich als Rechte
Wie Gut zum folgenden Geschlechte;
Auch Käuflichkeit war eingeführt,
Und jede Stelle war taxirt,
So daß die Meng' von Supplikanten
Zuletzt doch All' ein Aemtchen fanden.
Drum litt auch die Verwaltung Noth,
Denn Jeder suchte nur sein Brod.
Vom Blüh'n der Universität
War jetzt natürlich keine Red';
Im Gegentheil, man pflanzte nur
Die Unfreiheit durch die Censur.
Damit die fremde Preß' nicht schad',
So gründet man ein Zeitungsblatt.
„Darinnen nur die Wahrheit ständ
Und keine falsche Lüg' sich fänd."*)
Bei Bauten war der Luxus groß,
In Mannheim zeugt davon das Schloß,
Sowie die Kirch' der Jesuiten,
Noch heut' ein Prachtwerk unbestritten.
Mannheim hat viel ihm zu verdanken:
Er brach die hergebrachten Schranken
Für Handel und für Fabrikat',
Macht sie zur freien Handelsstadt,
Erleichtert jeglichen Verkehr
Und zog viel fremde Kaufleut' her.
Doch Hof und Handel paßten nicht:
Wo eines blüht, das Andere bricht.

---

*) Die Mannheimer Postzeitung.

Karl Philipp war ein langes Leben,
Doch wenig häuslich Glück gegeben.
Zwei Frauen gingen ihm voran,
Die einz'ge Tochter folgte dann.
Gleich einem ästelosen Stamm
Stand er, als nun sein Ende kam.
Schon ein und achtzig Jahre alt   1742,
Dem Tod er den Tribut bezahlt.   31. Dezbr.

Kurfürst Karl Theodor, von 1743 bis 1777.

Erloschen war nun Neuburg's Stamm,
Die Herrschaft drum an Sulzbach kam.
  Da wuchs ein junger Sproß empor,
Sein Name war Karl Theodor.
Da ihm die Eltern früh genommen,
Ließ ihn Karl Philipp zu sich kommen
Und ihn in seinem Schloß erzieh'n —
Natürlich ganz nach seinem Sinn.

Er trat nun die Regierung an
Und folgte der bisher'gen Bahn.
Verbündet mit dem Frankenreich,
Blieb er im Kampf mit Oesterreich,
Und selbst als Karl der Siebent' starb,
Trug er noch lang die gleiche Farb'.
Als bei der nächsten Kaiserwahl
Marie-Theresiens Gemahl
Zum Vorschlag kommt, verweigert ihm
Der Kurfürst standhaft seine Stimm.
Er stand dabei auf Preußens Seit',
Doch waren sie die Minderheit.
Als Preußen Frieden dann geschlossen,
Ward Kurpfalz auch mit eingeschlossen,
Ihm mancher Vortheil zugewandt,
Daß er den Kaiser anerkannt'.

Auf Landesmehrung stets bedacht
Hat er manch Stück an Pfalz gebracht,
Sei es durch Kauf, durch Tauschvertrag,
Wenn es an seiner Gränze lag.

Auch er begann mit Sparsamkeit,
Befahl in Allem Einfachheit;
Viel Mißbräuch' wurden abgeschafft,
Er zeigt Anfangs viel Ernst und Kraft;
Doch ward nicht Alles ausgeführt,
Weil das System, das da regiert',
Zu ändern oder brechen gar,
Für seine Kraft zu schwierig war.
Wo solche Hindernisse walten,
Mußt' jeder Eifer bald erkalten.
Noch immer herrschte Käuflichkeit,
Dabei auch noch Bestechlichkeit
Im pfälzischen Beamtenstand,
Das war nur leider zu bekannt.
Als Beispiel dien' das Hofgericht,
Man nannt' es nur das „jüngst Gericht",
Weil schon viel Söhn' dazu gehörten,
Noch ehe sie Collegien hörten;
Und Mancher war Professor schon,
Eh' er verstand den Xenophon.
Der Fürst verordnet wohl auch hier,
Allein es blieb auf dem Papier
Und wurde selten nur vollzogen;
So ward der Landesherr betrogen.
Drum wanderten auch Manche aus,
Verließen Land und Hof und Haus.

Auf stete Besserung bedacht
Ward doch manch Gutes auch vollbracht.
Der Ackerbau, die Landwirthschaft,
Die Industrie, die Wohlstand schafft,
Der Handel auch, ward wohl gepflegt;
Es wurden Straßen angelegt,

Viel Bauten wurden aufgeführt;
Der Druck, die Noth sich bald verliert.
Die schöne Pfalz erholte sich
Von langem Elend sichtbarlich.

Der Kurfürst schenkte hohe Gunst
Der Malerei und plast'schen Kunst,
Die Zeichnungen-Academie
Und die Gemälde-Galerie
Verdanken ihre Existenz
Der fürstlichen Munifizenz.
Die Schauspielkunst ward angeregt,
Musik und Oper warm gepflegt;
Von ächtem deutschen Geist entzündet
Ward eine deutsche Bühn' gegründet,
Die später Böck und Iffland zierten
Und bald zu hoher Blüthe führten.
Auf Baukunst auch ward viel verwendet,
Die angefang'ne Kirch'*) vollendet.
Viel Bauten wurden bekretirt,
Ein neu Theater aufgeführt,
In Heidelberg die Neckarbrück,
Das Karlsthor auch das „Thorheitsstück".**)
Der Kurfürst gründet' auch allhie
Die pfälzische Academie,
Die auf Geschichte sich erstreckte
Und viele guten Kräfte weckte.
Die hies'ge Universität,
In der ein schlimmer Geist geweht,
Nahm einen neuen Aufschwung an,
Und lenkt' in eine bessere Bahn.
Karl Theodor vermehrt die Stellen,
Eröffnet ihr auch neue Quellen,

---

*) Die von Karl Philipp begonnene Jesuitenkirche in Mannheim.

**) Der Volkswitz nannte das Thor lange „die Heidelberger Thorheit", da der damalige Stadtmagistrat 84000 fl. dazu verwilligte.

So daß in jeder Fakultät
Ein jedes Fach für sich besteht.
Doch fehlt' der rechte Lebenstrieb,
Weshalb sie zweiten Ranges blieb.
Die Schuld davon trug unbestritten
Die Oberhand der Jesuiten,
Denn diese brachten jedenfalls
Des Unheils viel der schönen Pfalz.
Nur wo die Freiheit frei darf walten,
Kann sich des Geistes Blüth' entfalten.
Zwar wurde — das ist sehr zu loben —
Gedachter Orden aufgehoben; 1773.
Doch blieb noch für den Augenblick
Der Geist der Unfreiheit zurück.
Obwohl der Orden nicht mehr stand,
So blieben doch die Leut' im Land;
Sie durften ungestört da wohnen
Und zogen reichliche Pensionen.

Am Hofe trieb man großen Staat,
Der vieles Geld verschlungen hat,
Fürstlicher Glanz fand hier den Ort,
Genußsucht war das Losungswort.
Und selbst bei Karl Theodor
Da herrschten fränk'sche Sitten vor,
Die deutscher Tugend nicht gefallen,
Doch — lassen wir den Schleier fallen!

Die Wittelsbacher Linie stand
Seit längrer Zeit auf einer Hand:
Der Kurfürst Maximilian
War noch allein der letzte Mann.
Er starb, und so kam jedenfalls
Das Bayerland zur rhein'schen Pfalz,
Da Oestreich, das darauf gezielt,
Nur einen kleinen Theil*) erhielt,

---
*) Das Inn-Viertel, nur etwa 40 Quadratmeilen.

Was Karl Theodor bewog,
Daß er darauf nach München zog. 1778.
Das Drama naht sich nun dem End':
Kurpfalz gerieth in schlimme Händ';
Man führte Monopole ein,
Die Lotterie zog auch herein,
Dafür verkauften Viel' ihr Haus,
Und wanderten nach Polen aus.
Die Kälte und die Wassersnoth
Vergrößerten noch mehr die Noth.
Im Neckarthal, im ganzen Land
Die größte Ueberschwemmung stand,
Die nicht blos Feld und Flur verheert,
Die auch die Städte halb zerstört.
Dazu kam noch die Kriegesnoth
Und raubt dem Land sein letztes Brod;
Am linken Rheine wüthet schon
Die blut'ge Revolution.
Die rechte Seite hielten jetzt
Ostreich'sche Truppen stark besetzt;
Mannheim war bald in Frankreichs Hand,
Weil Pichegrü*) Verrath drin fand.
Als drauf die Stadt beschossen**) ward,
Da fühlte sie das Elend hart.
Montalgu wollt' sich nicht ergeben,
Vertheidigt sich auf Tod und Leben.
Die Stadt schon halb in Flammen stand,
Viel Häuser waren abgebrannt,
Da ward zuletzt kapitulirt   1795,
Und Oestreichs Truppen eingeführt. 22. Novbr.
Das linke Ufer blieb verloren:
Das hatte Frankreich sich erkoren.
Bald drauf Karl Theodor erlag   1799,
Beim Kartenspiele einem Schlag.   16. Febr.

---
*) Der französische Oberbefehlshaber.
**) Von den Oestreichern unter dem Commando des General Wurmser.

Schluß.

War nun die Pfalz schon sehr zertheilt,
So folgt das Ende unverweilt.
Zwar trat noch **Maximilian***)
Den Rest des pfälz'schen Erbes an;
Er machte Vieles wieder gut,
Er säubert die Beamtenfluth
Und sichert jede Confession
Durch seine „Declaration".
Doch bluteten zu viele Wunden,
Als daß er Zeit genug gefunden,
In den ererbten Landestheilen
Sie alle gründlich auszuheilen,
Da nach Verfluß von kaum vier Jahren
Sie schon nicht mehr sein eigen waren.
Sie fielen, wenn gleich schuldbeladen,
Durch Reichsbeschluß an unser Baden.
Kurpfalz hat somit aufgehört,
Nachdem's sechshundert Jahr' gewährt.

Geschlechter kommen und vergeh'n,
Nichts Irdisches kann ewig steh'n.
Es wechselt oftmals seinen Namen
Und fasset sich in and're Rahmen.
Nur was vom Geiste ist geboren,
Geht nimmer mit der Zeit verloren.

Karl Friedrich ward nun hier Regent,
Deß Nam' man noch voll Ehrfurcht nennt,
Weil er dem Landeswohl sich weiht'.
Sein Geist schuf eine neue Zeit,
Drum wird stets Heidelberg wie ich
Laut preisen den **Karl Friedrich**.

---

*) Als **Maximilian IV.** Kurfürst, der nachmalige König von Bayern, **Maximilian I.**

Der 22. November.

Dem Andenken Karl Friedrich's gewidmet.

Stets an diesem Feiertage
   Kehrt ein frohes Fest zurück,
Auf den edelsten der Fürsten
   Wendet sich da Aller Blick;

Der das große Wort gesprochen,
   „Mein Glück ist des Landes Glück",
Der mit Vaterhuld und Güte
   Leitete des Volks Geschick.

Als dereinst in trüben Zeiten
   Deutschland schwer darnieder lag,
War's Karl Friederich der Edle,
   Der die Bahn zum Bessern brach.

Als des Krieges blut'ge Geißel
   Auch in Baden Wunden schlug,
War's Karl Friederich der Gute,
   Der für Heilung Sorge trug.

Als Ruperta war verwaiset,
   Fast erloschen ihr Beruf,
War's Karl Friederich der Weise,
   Der sie wieder neu erschuf.

Ihm verdanken wir's vor Allen,
   Daß der Strahl der Wissenschaft
In der Jugend Seele bringet
   Mit erneuter Geisteskraft.

Bei Karl Friedrich's theurem Namen
   Schlagen Aller Herzen laut,
Und ein unvergänglich Denkmal
   Hat er sich allhier erbaut.

Ein Gedächtniß ew'ger Ehren
 Wird Ruperta treu ihm weih'n,
Und so lang die Hochschul' blühet
 Wird er nie vergessen sein.

Glücklich fühlen wir uns heute,
 Preisen es mit lautem Wort;
Denn Sein Enkel führt den Scepter
 In Karl Friedrich's Geiste fort.